经济理论

ECONOMIC THEORY

[美] 简·拉尼根（Jane Lanigan）等 编
邵 鑫　王一凡 译

中国原子能出版社　中国科学技术出版社
·北 京·

© 2022 Brown Bear Books Ltd. A Brown Bear Book
Devised and produced by Brown Bear Books Ltd, Unit G14, Regent House, 1 Thane Villas, London, N7 7PH, United Kingdom
Chinese Simplified Character rights arranged through Media Solutions Ltd Tokyo Japan email:info@mediasolutions.jp in conjunction with Chinese Connection Agency Beijing China
Simplified Chinese edition copyright © 2023 by China Science and Technology Press Co., Ltd. and China Atomic Energy Publishing&Media Company Limited.
北京市版权局著作权合同登记　图字：01-2023-2016。

图书在版编目（CIP）数据

经济理论 /（美）简·拉尼根（Jane Lanigan）等编；邵鑫，王一凡译 . -- 北京：中国原子能出版社：中国科学技术出版社，2024.1
（极简经济学通识）
书名原文：Economic Theory
ISBN 978-7-5221-2927-3

Ⅰ . ①经⋯ Ⅱ . ①简⋯ ②邵⋯ ③王⋯ Ⅲ . ①经济理论—通俗读物 Ⅳ . ① F019-49

中国国家版本馆 CIP 数据核字（2023）第 161597 号

策划编辑	王雪娇
责任编辑	付　凯
文字编辑	贾　佳
封面设计	创研设
版式设计	蚂蚁设计
责任校对	冯莲凤　吕传新
责任印制	赵　明　李晓霖

出　　版	中国原子能出版社　中国科学技术出版社
发　　行	中国原子能出版社　中国科学技术出版社有限公司发行部
地　　址	北京市海淀区中关村南大街 16 号
邮　　编	100081
发行电话	010-62173865
传　　真	010-62173081
网　　址	http://www.cspbooks.com.cn

开　　本	880mm×1230mm　1/32
字　　数	182 千字
印　　张	7.5
版　　次	2024 年 1 月第 1 版
印　　次	2024 年 1 月第 1 次印刷
印　　刷	北京华联印刷有限公司
书　　号	ISBN 978-7-5221-2927-3
定　　价	69.00 元

（凡购买本社图书，如有缺页、倒页、脱页者，本社发行部负责调换）

献给热爱经济学的你

目录

国际收支……1
商业周期……3
资本……5
资本主义或自由市场经济……7
收入和支出的循环流动……11
相对优势……13
竞争和完全竞争……16
消费者与消费……20
消费者物价指数……22
合作社……24
股份制公司……26
成本……30
需求曲线……34
发展中国家……38
效益递减……41
经济效率……43
规模经济……47
弹性……50
平等和公平……55

汇率……57
外部性和环境……59
外部性和政府政策……63
联邦制……65
财政政策……67
自由贸易和保护主义……69
商品和服务……73
国内生产总值和国民生产总值……77
增长和发展……79
收入分配……82
通货膨胀和通货紧缩……84
知识产权……88
利率……90
国际债务……92
凯恩斯主义……94
劳动……100
自由放任与古典经济学……104
土地与自然资源……106
宏观经济学……108

经济理论

- 边际分析 …………………… 110
- 市场失灵与反竞争行为 ……… 114
- 重商主义 …………………… 118
- 微观经济学 ………………… 120
- 混合经济 …………………… 123
- 模型与建模 ………………… 125
- 货币主义 …………………… 129
- 货币的供给与需求 ………… 132
- 垄断 ………………………… 136
- 跨国公司 …………………… 138
- 国民收入与国民收入核算 …… 140
- 非价格竞争 ………………… 142
- 寡头垄断与寡头垄断竞争 …… 144
- 机会成本 …………………… 146
- 人口与移民 ………………… 148
- 贫困 ………………………… 150
- 价格与价格理论 …………… 152
- 价格歧视 …………………… 156
- 私有化 ……………………… 158
- 生产 ………………………… 160
- 利润与利润最大化 ………… 165
- 公共部门 …………………… 167
- 衰退和萧条 ………………… 171
- 监管与反垄断法 …………… 175
- 租金和经济租金 …………… 177
- 资源、经济 ………………… 179
- 收入 ………………………… 181
- 储蓄与投资 ………………… 183
- 稀缺性 ……………………… 186
- 社会主义与计划经济 ……… 188
- 专业化与分工 ……………… 192
- 股票与股份 ………………… 194
- 供给曲线 …………………… 196
- 税制、税收和补贴 ………… 200
- 技术 ………………………… 204
- 贸易与国际贸易 …………… 206
- 转型经济体 ………………… 210
- 失业 ………………………… 212
- 效用 ………………………… 217
- 财富 ………………………… 220
- 术语表 ……………………… 222
- 参考文献 …………………… 228

国际收支

美国的国际收支指的是美国与世界其他国家开展商品、服务和金融资产交易的记录。一国的国际收支反映了该国经济的健康水平。发达国家会每季度对国际收支的数据作汇报。

国际收支由经常账户和资本账户组成。前者即进出口贸易的价值，后者则为投资、储蓄和借款的价值。任何国家的这两种账户都应该做到平衡，也就是流出一国的资金应该与流入的资金持平。这和个人的银行账户是一样的道理，个人花费和储蓄的钱必须与他收到和借用的钱一致。当然，账户中的不同部分不需要做到平衡。如果美国的出口超过进口，就可以将盈余用于海外投资。如果进口超过出口，则该国就需要从国外借贷或是出售金融资产或黄金以弥补缺口。

在20世纪80年代和90年代早期，美国的国际收支情况经常登上新闻，新闻称由于进口

伐木是美国经济外汇收入的重要来源。为了保证国际收支的平衡，流入一国的收入应当与流出该国的金额持平。

长期超过出口，导致出现了贸易逆差。这种情况就好像你的银行账户透支了，是不能永久持续下去的。

一国的国际收支在理论上总被认为是保持完美的平衡的。然而实际过程中，由于收集用于衡量国际收支的数据太过困难，这一指标也就并不会得到实际的衡量。事实上，因为涉及的各项数据都只是对真实数据的估值，最后计算国际收支时难免要作出调整，将不平衡的地方加以修正。这种用于修正的所谓"平衡项目"或是"统计差异"有时数额非常大。比如美国1997年的平衡项目数额就达到了997.24亿美元（见表1）。

表1 美国1997年的国际收支（百万美元）

经常收支	
商品	
出口	679325
进口	-877279
贸易差额	-197954
服务	
军费开支（净）	6781
旅游和运输（净）	22670
其他服务（净）	58297
投资和收入（净）	-5318
资金转移（净）	-36691
经常项目差额	**-155215**
资本收支	
外流资本	-477492
海外流入资本	733441
净资本流动	255949
官方储备变化	-1010
资本项目差额	**254939**
统计差异或平衡项目	**-99724**

注：负号表明该笔资金从美国流出
来源：为总统准备的经济报告（1999年2月）

商业周期

商业周期是历史上观察到的一种周期现象：实际国内生产总值（GDP）的增长之后会出现 GDP 的负增长或是产出的下降。这一周期有四个阶段：繁荣；衰退——实际产出下降连续六个月以上；萧条——产出和就业触底；复苏，或称扩张。

尽管工业化国家的经济通常是会不断发展的，但增长的速率却并不恒定。超出平均速度的增长时期之后往往会伴随着一段时间的增长放缓，甚至零增长或负增长。当增长速度增加时，经济开始过热，通货膨胀压力不断累积。增长会不断持续，直到达到顶峰，此后实际 GDP 就会开始下降，并会持续到通货膨胀压力消失为止。如果说连续两个季度，也就是六个月以上的实际 GDP 增长是负的，即所谓的"衰退"。当进入衰退期后，经济的活动会减少，就业也会下降。最终，产出和就业会停止下跌，也就是进入了这一周期中的低谷位置。当增长开始恢复时，经济就进入了所谓的复苏期，或是扩张阶段。实际 GDP 会不断增长，直到通货膨胀再次成为问题。

美国经济经历过数次繁荣期和衰退期。不过，从 1959 年来，美国的 GDP 整体是以年均 3% 的速度增长的。

尽管经济扩张和收缩的周期一次次地出现，每一次的持续时间以及 GDP 涨落的幅度却是相去甚远的。不过通过对不同经济体的历史数据分析，我们发现，通常一个周期，也就是 GDP 达到顶峰和下一次达到顶峰之间的时间，差不多是 10 年。

图 1 展示了一个经济体在不同阶段呈现不同的增长速度。经济扩张，达到顶峰后开始收缩，进入衰退期；等衰退到谷底后，经济开始

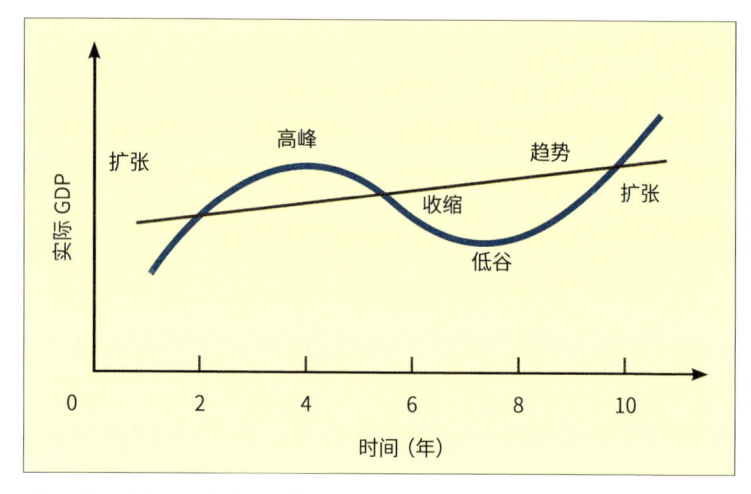

图1 商业周期。一个典型的商业周期包括四个阶段：繁荣期，开始于上一轮商业周期的扩张结束后；收缩期，或衰退期时实际GDP下降；萧条期时衰退达到了最低峰；新的一轮扩张期中实际GDP再次开始攀升。这一循环表明了经济随着时间的推移而增长的趋势。

复苏，并开始新一轮的扩张。整体的趋势是实际GDP缓慢的增长。

除了GDP外，还有其他变量也会随着商业周期规律性地变化。领先指标（leading indicator）的变化出现在实际GDP之前，所以它被经济学家用来预测产出的变化。失业救济金申领人数就是其中一种，会在经济将要进入衰退期前开始上升。另外，制造商新订单量、新房建造许可证数量，以及新的工厂和设备订单会在经济将要复苏和扩张时上升。

有些经济学家呼吁政府及时介入，降低商业周期带来的影响，比如可以在经济扩张时通过财政或是货币政策缓解通货膨胀压力，或是在收缩期采取措施扩张经济、刺激就业。还有些经济学家则认为正是政府的干预才导致了商业周期的出现，或至少是加剧了其带来的影响。扩张性的财政政策可能包括减税和增加政府开支，这可能会人为地刺激经济发展，从而让之后的收缩和衰退更加严重。

资本

资本是一种人造资源。它是人们建造出来用于生产其他商品和服务的机器设备、工具、道路、工厂、学校以及建筑。这一类资本为了与人力资本区别开，往往被称为"实物资本"。金融资本则指用于采购实物资本的资金。

流动资本，有时也被称为周转资金，包括原材料、半成品和待出售的成品。固定资本则包括工厂、机器、设备等不会被转化成最终产品的资本。

所有的公司都至少存在一个共同点：既需要资金启动，又需要资金来持续运营。一家公司或一个国家增加资本存量或是资本积累的行为叫作投资。一个经济体要持续发展并生产出更多、更精细的商品和服务，就需要加大对资本的投资和更有效地利用已有资本。

有时，你会看到生产分为资本密集型和劳动密集型。名字的差别其实反映了生产过程中资本和劳动力投入的相对关系。劳动资本率高的属于劳动密集型生产。某一行业选择劳动密集还是资本密集往往取决于劳动力和资本的相对价格关系。在美国这样的发达国家，劳动力的相对价格不断增长，因此各行业也逐渐向着资本更加密集的方向发展，比如汽车制造就是一个例子。而在巴西、墨西哥这样的发展中国家，劳动力相对廉价，所以像咖啡的生产等就会倾向于劳动密集。

资本积累加上技术进步，比如更新和更好的商品生产方式，都会让一家公司或一个国家能在未来生产出更多的商品和服务，但在当下却需要先作出权衡取舍。如果一家公司或一个国家准备未来生产更多的商品和服务，那当下在消费品，比如食物、服装和房屋上投入的资源就要减少，这样才能把手头上的资源更多地投入到研发和资本的积累，未来更高的产能也才会实现。这种选择会对该国的经济增速带来影响。

1965年美国的生产可能性（图2）远高于日本（图3），这一点也可以从两者在这一年的生产可能性边界（PPF）上反映出来。不过美国仅将五分之一的资源投入了生产中（图1的点A），而日本则投入了三分之一。日本对资本资源的投入增长使得其在生产可能性边界向外移动的速度远快于美国，所以到了1990年，两国的PPF几乎是一样的。日本可以选择B点继续生产，这样之后的发展速度会比美国更快；也可以选择增加消费，在C点继续生产，从而导致其增长速度放缓。

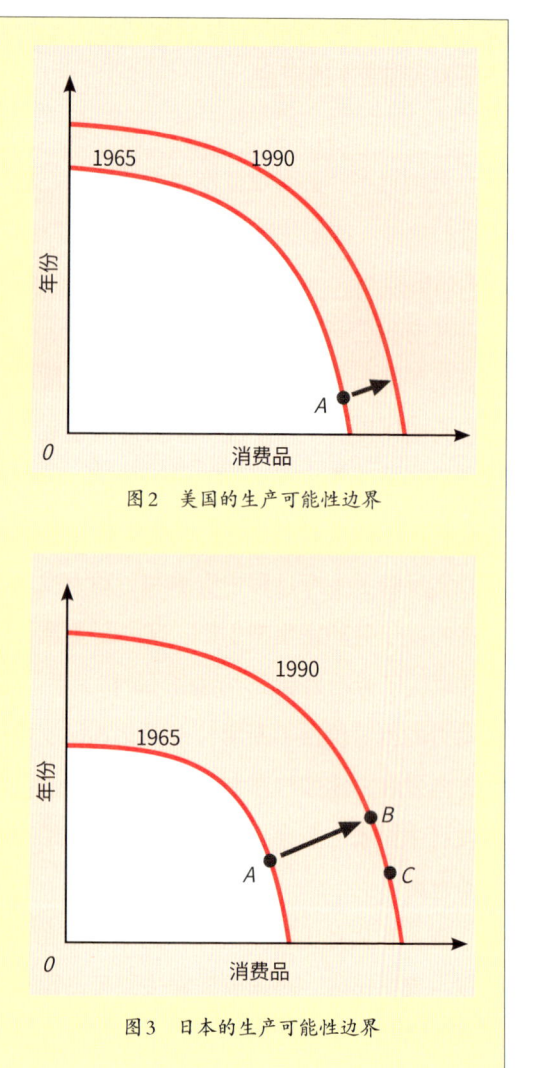

图2 美国的生产可能性边界

图3 日本的生产可能性边界

资本主义或自由市场经济

　　资本主义经济，也称自由市场经济，或是自由企业经济，指的是市场力量占据主导的一种经济形势，包括工人、机器、工厂、土地和自然资源等各类资源，所有的商品和服务都是通过市场机制分配。

　　根据定义，一个完全的自由市场经济或者资本主义经济应该展现出以下所有的特征：

　　• 消费者、生产者以及生产要素（土地、劳动、资本）的所有者都单纯由个人利益驱动。消费者希望效用最大化；生产者致力于利润最大化；而生产要素的所有者则希望租金、工资、利

在自由市场经济中，可供消费者选择的商品和服务非常多。当然，只有买得起的人才有选择的消费能力。

息和利润能最大化。

- 生产要素由私人、私有公司和组织而非政府所有。
- 人们可以自由创立自己的公司并销售任何他们想卖的东西。消费者则可以自由地用自己的钱买到想买的东西。
- 存在竞争。生产者需要互相竞争，争取消费者在商品和服务的支出；工人则需要为生产者在工资上的支出互相竞争。
- 不存在集中分配资源的机构。与之相反的是，决策是去中心化的，而资源则是通过亚当·斯密所说的"看不见的手"由市场分配的。

生产什么，如何生产，为谁生产？

在自由市场经济中生产什么往往是由生产什么最能赢利决定的。比如，有一家电脑制造商每年可能售出1000台电脑。如果这样的销量不足以让公司获得正常利润，那公司或是要卖出更多台电脑，或是销量不变提高售价。如果公司持续亏损，公司的股东就会失去信心，最终可能把资金转移到其他利润更高的公司或行业中去，而这家公司最终就可能倒闭。

市场机制同时也会激励公司以最高效的方式生产，因此自由市场生产效率得以实现。如果公司不能高效组织生产，紧跟技术革新的步伐，并生产出人们想要的高质量商品和服务，它就会败给竞争对手，还可能因此破产。

优势和劣势

资本主义经济下的产出会分配给那些有能力支付的人。简单来说，如果你没钱，你就什么也买不了。而如果你是一个百万富翁，你就能买到大量的商品和服务。这就让富人和穷人之间出现了巨大的鸿沟。

自由市场或说资本主义经济最明显的优势就是消费者有着广泛的选择。竞争的存在也激励着生产者保持创新，并生产出高质量的商品和服务。如果不这么做，公司就可能会被创新能力更强、更高效的企业挤出市场。

不过，在自由市场经济中，选择权只存在于能出得起钱的消费者手中。这一点在很多人看来是巨大的劣势。那些收入最低的人群所拥有的选择也是最少的。此外，竞争虽可能激励创新和带来高品质的产品，但很多市场其实都是寡头垄断的，换言之，这些市场是由少数几家生产者所支配的，他们会利用自己的优势地位，并通过广告、品牌化和营销活动来影响消费者。

同时，在完全的自由市场经济中，需求和资源分配之间没有任何联系。病人可能会因为无法享受医疗服务而死去，失业的人会因为没钱购买食物而饿死，而无家可归者则可能冻死在街头。

实际中的自由市场

理论上，在一个完全的自由市场经济中，所有的商品和服务都是在没有政府干预的前提下，通过供需的力量分配。而实际上这是不现实的。尽管大部分发达国家都奉行自由市场的原则，但哪怕是最忠实遵守这些原则的国家也或多或少存在着政府干预。

不论政治立场如何，几乎所有人都认同的是，政府需要提供公共物品，比如国防、路灯、法律与秩序，并需要在部分混合产品和公益品的提供上给予帮助，比如教育、医疗、公园或博物馆。此外，人们普遍认为，在应对像外部性和公司的反竞争行为时，一定的政府干预是必要的。

经济理论

政府的其他职能包括发行货币，维持货币价值，稳定物价，并构建完善的法律框架保护人们的财产私有权。此外，一个成功的现代社会要通过税收的方式将部分资源分配到政府的运营上去。

美国的自由市场

因此，即便是在美国（世界上最重要的自由市场经济体），政府也会为国防开支、法律和秩序、公路、学校、国家公园等事物提供资金。同时，各州和联邦也会通过法律保护环境，通过立法防止公司串谋和操纵价格从而保护消费者的权利。20世纪30年代以来，美国政府的开支实际上已经大幅增加；政府的开支现在几乎占到国民生产总值（GNP）的三分之一。所以说，这片遵循自由市场原则的国土上其实也存在着相当程度的控制。

有些经济体尽管整体遵循自由市场原则，但还是有相当一部分的经济资源是通过政府分配的。这些经济体被称为"混合经济"。

尽管美国大体上遵循自由市场原则，政府还是在医疗之类特定的公共、混合和公益产品的提供上加以干预。

收入和支出的循环流动

收入和支出的循环流动指的是收入从公司流向家庭、支出从家庭流向公司的流动属性。循环流向图能简单地展示出收支间的流动关系。

图4中的内圈展示了劳动力这一形式的生产资源从家庭到公司、商品与服务从公司到家庭的顺时针方向流动。外圈则以逆时针方向展示了货币收入、工资从公司流向家庭以及商品和服务的货币支出从家庭流向公司。

图4如能将家庭的储蓄和公司的投资也考虑其中，模型就会更加真实。储蓄是从这个循环体系中流出的部分，而投资则是为家庭到公司的流动中注入的资金。在将家庭的储蓄加以汇集并转移到公司手中的这一过程中，银行体系（银行和其他金融机构）扮演着至关

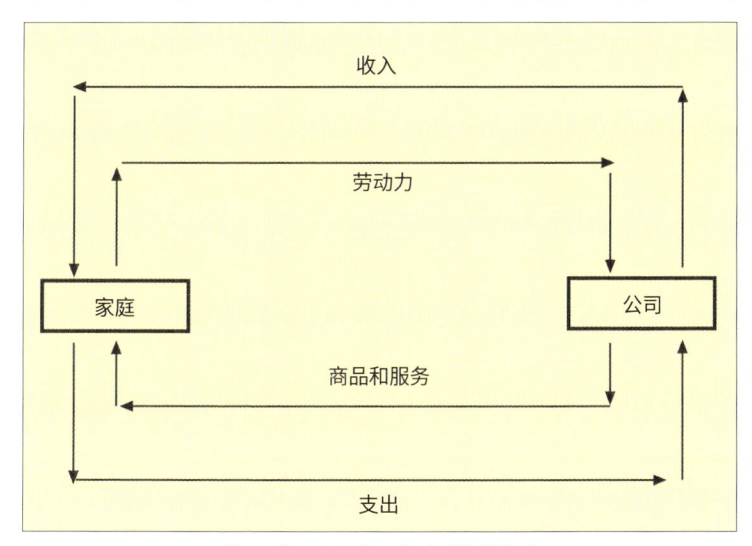

图4 收入支出循环流动的简易模型

重要的作用。

下一步是引入政府部门。美国的政府部门包括联邦政府、州政府和地方政府。税收是从体系中流出的部分，而政府开支则是对体系的补充。

图5是一张完整的循环流向图。这一涵盖了宏观经济部分的模型印证了国内生产总值（GDP）等于消费者、公司和政府在最终商品和服务上的总支出。GDP和总支出又都等于生产最终商品和服务所使用的资源（土地、劳动力、资本和企业家精神）获得的总收入。

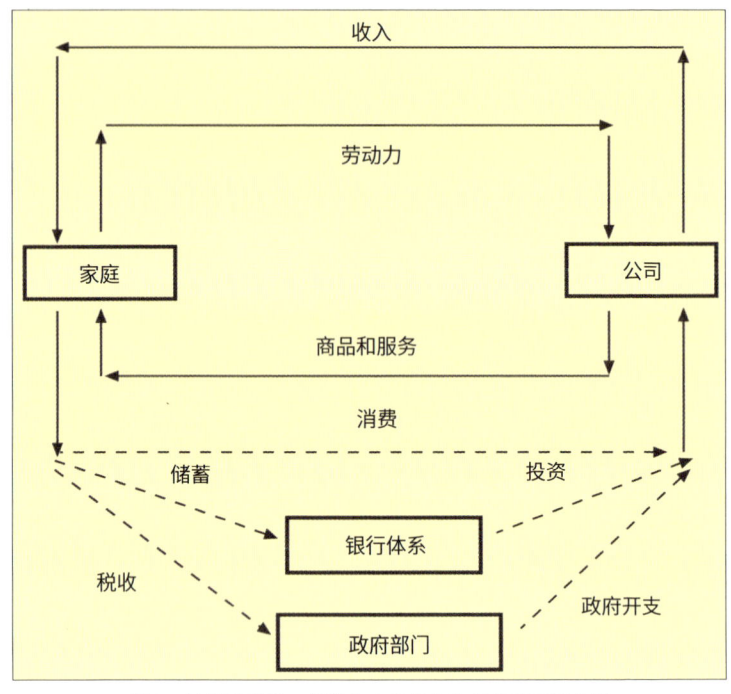

图5 涵盖了储蓄、投资和政府部门的完整循环流动图

相对优势

相对优势指的是一个公司或国家能够以低于另一个公司或国家的机会成本生产出一种商品。看似只有拥有相对优势的一方才会从中获益，但事实上相对优势会促进专业化的出现，从而造福整个市场并能刺激贸易。

如果一个生产者（一家公司或是一个国家）能够比另一个生产者以更低的成本生产某一种商品，我们就说该生产者拥有相对优势。而在国际贸易中，相对优势的法则是指：若一国在生产某一种商品上拥有相对优势，那么当该国将该商品的生产专门化并进行贸易时，所有国家都将从中受益。即便某一国被证明在所有商品平坦、肥沃的平原，温和的气候，这些对农业有利的条件让美国和加拿大的大平原在生产谷物时拥有相对优势。其他的相对优势还包括生产高效的农业机械的技术以及支持对土地、作物和机械投资的金融体系。

和服务的生产方面都更高效,也就是拥有绝对优势时,这一法则依然成立。只要该国专注于生产它所擅长生产的商品,所有国家都会从专业化和贸易中获利。

贸易的存在是因为人们想拥有别人生产的东西,同时想卖出自己生产的过剩的产品。如果国家间的资源和经济发展情况都非常相似,那任何一个国家都不会享有相对优势。不过,在某些特定产品和服务上,有些国家会明显比其他国家有优势。举例来说,一个国家可能拥有一些其他国家没有的珍贵自然资源,比如贵金属、煤炭或石油这样的化石燃料,或是铜这样的有用金属,又或者某国的气候更适合种植某一类作物。

自然资源和气候只是国家获得相对优势的一种方式。有些国家或地区的工人可能在若干年的成长后,已经能非常熟练地生产某些商品或提供某类服务。同时,富有的国家更有能力在生产复杂产品的机械设备上投资。而更贫穷的国家可能没有熟练的工人,却可以在其他方面实现相对优势,比如在生产一些不太复杂的产品时,这些国家的劳动力价格会更低。在塑造相对优势上,历史因素也发挥着作用。有些国家可能因为首先涉足某一领域,从而成了这一领域的领头羊,比如德国就在19世纪末期主导了化学工业。

不过在20世纪,技术的迅速革新和劳动力成本的降低往往会使优势发生扭转。比如造船曾是西欧和美国的强项,之后却由东亚国家主导。

即便生产力在全球范围内都均衡分布,相对优势带来的专业化分工和国际贸易也会对世界经济大有裨益。

理解相对优势

要理解相对优势，不妨先想象这个世界只有两个国家，比如美国和英国；再假设这两国只生产两种商品，比如面包和衣服。我们假设美国的劳动人口是10个人，他们可以生产600块面包或是40捆衣服。英国则有8个人，可以生产400块面包或是80捆衣服。如果两国都不进行专业化分工，生产情况可能会如下所示，两国各投入一半人力生产一种商品：

商品	美国	英国	总量
面包（块）	300	200	500
衣服（捆）	20	40	60

相对优势的法则表明，如果一国专注于生产更擅长的商品，两国都会获益。我们可以通过机会成本来衡量相对的效率。在美国，生产一捆衣服的机会成本是15块面包；而英国则是5块面包。由此可以得出的结论是，美国更擅长生产面包，英国更擅长制作衣服。如果美国专注于生产面包而英国专注于生产衣服，那两国的总产量就是600块面包加上80捆衣服。之后两国可以开展贸易，这也比两国闭门生产要好。

即便一国取得了绝对优势，也就是在两种商品的生产上都更强时，上述的这些好处依然存在。比如当美国可以生产出600块面包或是160捆衣服，而英国只能生产出400块面包或80捆衣服。如果两国各自独立生产，那情况可能是这样：

商品	美国	英国	总量
面包（块）	300	200	500
衣服（捆）	80	40	120

在这种情况下，美国在生产衣服上更有优势，生产一捆衣服的机会成本是3.75块面包，英国则是5块面包。同样地，专业化会带来总产量的提升。美国可以用两名工人生产120块面包，用8名工人生产128捆衣服；而英国则专注于生产面包，总共就可以产出400块面包。

竞争和完全竞争

竞争是指公司或者生产要素所有者在同一市场向相同的消费者售卖商品或服务的过程。完全竞争则是指一个市场中存在大量的买方和卖方，所有的产品都完全同质，且进入或离开这一市场也无任何限制或壁垒。在这样的情况下，我们同样可以认为以市场价格买卖任意数量商品是可能的，买卖双方对市场信息完全掌握，且卖方的目的是追求利润最大化。

完全竞争市场中最关键的一个特征是所有参与方均为"价格接受者"，他们的决策均基于事先确定的市场价格，且他们对这一价格没有任何的影响能力。在完全竞争的条件下，人们通常认为以市场价格买卖任意数量的商品是可能的。这样的结果就是需求曲线变平坦，每额外售出一单位产出的边际收益（MR）与每单位的平均收益（AR）完全一样。由于卖方追求的是利润最大化，他们的产量也会设定在边际成本（MC）与边际收益一致的水平。如图6所示，在平均成本曲线的底部，边际成本与平均总成本（ATC）相交且相等。平均可变成本则由 AVC 这条线表示。由于边际效益递减，成本曲线呈现 U 形。

因此在完全竞争的条件下：

MC=MR（前提是追求利润最大化）

MC=AC（见如下解释）

AR=MR（平坦的

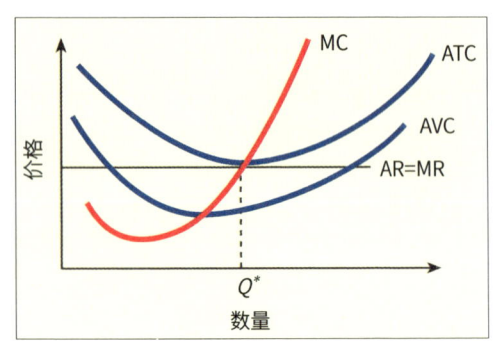

图6 长期均衡

需求曲线)

MC=MR=ATC=AR(由以上推导得出)

这是一个完全竞争市场中长期存在的均衡关系,并且结果是帕累托(Pareto)最优的:不可能在其他的产量–价格组合下,让部分卖方变得更好而不使其他卖方变得更差。如果ATC=AR,卖方只能获得"正常利润",这也是作为"价格接受者"的结果,而不是在其他形式的竞争中,成为"价格决定者"。

需求曲线和完全竞争

区分市场需求和个体卖家面对的需求曲线这一点是很重要的。在完全竞争情况下,市场需求不会受到单个买方或卖方决定的影响。每个卖家面对的都是处于当前市场价格下一条水平的需求线。在完全竞争的条件下,每个卖方和市场整体相比都太过渺小,他们的行动无法对市场价格产生影响。如果卖方的数量降低到一定程度,市场供给减少,市场价格就会上涨。而在完全竞争下继续存在的公司就会扩大生产,直到MC与更高的AR相等。卖方数量的增加则会带来相反的结果。

确定市场价格

在完全竞争情况下,我们假设以市场价格买卖任何数量的商品都是有可能的,但市场价格本身还是有待确定的。如果需求曲线(AR=MR处)低于ATC曲线的最低点,也就是MC与ATC相等的点,则平均总成本将大于平均收益,这时卖方会亏损(图7)。如果成本超过收益,卖方是无法持久维系的。假如退出市场没有障碍,那卖方就会退出市场,而没有退出的卖方面对的需求曲线则会上扬。不

经济理论

断会有卖方退出市场，直到剩下的卖方各自的需求曲线都会落到平均总成本与平均收益相等的水平，卖方又可以重新获得正常利润。

而当需求曲线（市场价格）移动到了平均成本最低点以上，卖方就可以获得超出正常范围的利润（图8）。假设进入市场没有壁垒，新的卖方就不断会被吸引来，直到需求曲线

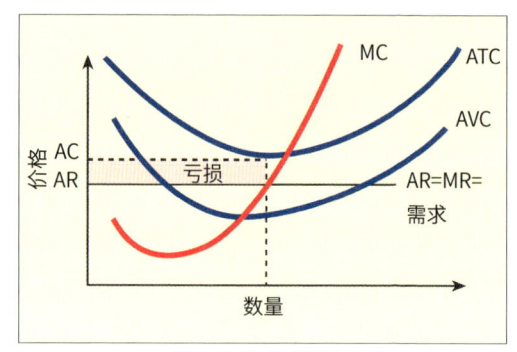

图7 短期内亏损的公司

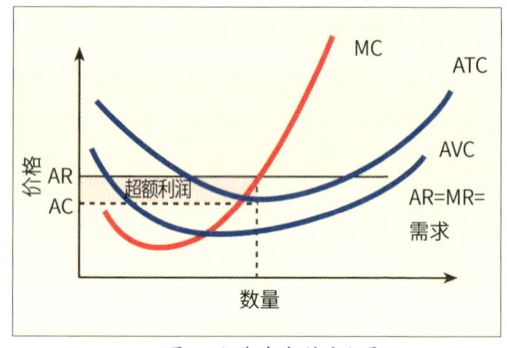

图8 短期内赢利的公司

回落到 ATC=MR 的水平。因此从长期来说，每一位卖方所面对的需求曲线都会稳定在 ATC=MR 的水平。因为 AR=MR 且 MC=MR，所以 ATC=MC。

供给曲线与完全竞争

在上述的情形中，每位卖家的生产水平在短期内都有波动。卖家总是希望利润最大化，也就是 MC=MR。

如果 MR 因为市场均衡价格的变化而上下波动，那公司的产量也会随之波动，直到 MC 与新的 MR 相等。所以每位个体卖方的供

给曲线都会和 MC 曲线相一致。不过如果长期内 ATC 都大于 AR，卖方就会选择离开市场；而如果 ATC 短期内超过了 AR，卖方则会继续生产。短期内只要亏损不超过其固定成本，卖方就会继续生产；而如果 AR 小于 AVC，卖方就会停止生产。AVC 的最小点就是短期内的停产点。市场价低于 ATC 的最小值则是长期内离开的信号。个体卖方的供给曲线因此就是 MC 曲线高于 AVC 曲线的部分。市场供给曲线则是所有个体卖方的供给曲线之和。

以上就是出现暂时偏离均衡位置的几种情形。这些情形中最终的结果都回到一个固定的点，那么这个点就是均衡点。

所有身处完全竞争中的公司都面对着销售商品和服务的市场价格。不过，完全竞争是很少见的，实际中的公司会通过促销和降价的方式吸引顾客。

経济理论

消费者与消费

消费可以被定义为一段时间内家庭在商品和服务上的总支出。这一定义中储蓄和投资的花费是不计入其中的,而这方面的开支则是用于未来的需求的。

个体消费者做出的选择正是微观经济学的基础。微观经济学是研究单个家庭、公司的决策以及单个市场运作方式的经济学分支。在一个充分竞争的自由市场体系中,所有的经济活动都是为了让消费者满意。在这种情况下,所谓的"消费者主权"就会出现:消费者指挥生产者去生产什么,而不是由生产者决定消费者可以或者不可以买到什么。

从理论上讲,所有的消费者都是理性的,都会在购买物品时追求最大的满足感。因为所有的经济商品都是稀缺的,资源是有限的,消费者不得不在满足感和效用之间做出抉择。微观经济学认为:每一位消费者都是有偏好的,也就是有各自想买的商品和服务,以及内心认定

尽管个体消费者并不会意识到边际效用的规律,但他们的决策还是相当符合这一规律。经济学家也因此可以预测消费者支出的变化情况。

的彼此之间的价值关系。这样的选择可以通过无差异曲线表示。

消费者只有在边际效用等于其价格时才会购买这种商品,其中,每购买额外一单位的商品获得的满足感或用处被称为边际效用。在前者低于后者时,购买商品只会让自己利益受损。在现实世界中,当人们因为物价和收入变化后改变了选择的商品时,几乎没有人会真正意识到背后涉及的这些有关边际的计算。不过,虽然人们并没有有意识地进行这样的运算,他们的消费模式的确和经济理论预测的一致。

一个经济体中的消费总额是所有个体消费者消费的总和。有一系列因素会决定每个家庭的消费量,而消费和这些因素之间的关系则被概括为消费函数。这一函数中最重要的因素就是可支配收入。经济学家凯恩斯是最早宣传了消费与收入挂钩这一理念的人。当收入增加时消费量也会增加,尽管两者增加的速率是不同的,这是因为人们赚得越多,用于储蓄的部分所占收入的比例也就越大。

人们实际在消费上的支出以及储蓄额取决于若干因素。比如对价格涨跌的预期会加速或推迟消费的发生。借贷的容易程度和成本的改变也会带来影响。此外,穷人的边际消费倾向,也就是额外收入中用于消费而非储蓄的比例,也会更强,因为相较富人,他们有更多未被满足的需求。

经济理论

消费者物价指数

消费者物价指数，或简称 CPI，衡量的是一个典型家庭购买的商品和服务的平均价格。经济学家通过研究 CPI 这样的指数来衡量一个经济体中的价格水平，或说是通货膨胀水平。CPI 有时也被叫作零售物价指数或生活成本指数。

为了衡量 CPI，经济学家会选择一些商品和服务，组成所谓的消费品篮子。这个篮子中通常会涵盖一个典型家庭需要定期购买的 400 种左右的商品和服务，它们大致可以分为食品饮料、住房、衣着、交通、医疗、娱乐等种类，以及其他被认为是健康的生活标准所必需的类别。

经济学家会评估篮子中商品的价格，并与一个月或者一年前的相应价格进行对比。这一期间任何价格的增长都是发生了通货膨胀的绝佳证明，这也是为什么 CPI 有时也被称为核心通货膨胀率。

消费者物价指数所参考的一部分典型家庭的常购物品。

关注涨跌

在欧洲和美国等地区的市场经济中，物价是由供需关系而非政府管制决定的。在这些国家中，政府的工作重点是防止价格水平突然大规模升高或降低。价格的快速变化会扭曲消费者和公司的经济决策，并最终可能导致整个经济的不稳定。所以经济学家的一项重要任务就是衡量价格变化的速度：如果价格上涨过猛，政府就要采取措施扭转这一趋势。

和其他的价格指数相比，CPI 覆盖的范围相对较小，却是最为人所知且最常被引用的指数，因为它与普通消费者的生活息息相关。大部分有关通货膨胀的新闻报道都会涉及消费品价格的变动，而这些价格与人们的生活水平紧密相关。此外，有些劳动合同中会有专门条款注明，工资会随着 CPI 的上涨而同步上调；工会也经常会根据这一指数提供的信息开展上调年薪的谈判。社会保障金的数额也与 CPI 的涨幅挂钩。这样的做法叫作"生活成本调整（cost-of-living adjustment，COLAs）"，因为其目的是让人们收入的购买力能够维持在之前的水平。养老金也同样是和指数挂钩的，也就是说养老金的数额会随着通货膨胀水平的增加而增长，这样才能保证其实际价值不会减少。

经济理论

合作社

　　合作社与一般公司的差别在于，其主要目的并不一定是为了实现其股东的利润最大化。合作社主要有两种类型，一种是工人所有的工人合作社或生产者合作社，另一种则是为了消费者利益而存在的消费者合作社或零售合作社。

　　生产者合作社或工人合作社是有限责任公司，通常由部分或全体工人所拥有。这类合作社往往是工人出于避免失业或是创造就业的目的成立的。当然，也有一些是因为工人们认为可以提供对社会有益的商品或服务而成立的，比如有机产品或住房。工人所有者出资成立合作社，并会选择具体的管理形式，指派经理或是通过投票做出一些重要决定。因为工人是公司的股东，所以利润通常也是分配给工人的。

PCC 社区市场是大型食品合作社

　　在生产者合作社中不存在劳资冲突，因为工人们就是股东，也因此不会出现罢工，工人们也会有更大的动力努力工作。

　　不过实际生活中，一群工人是很难筹措到

足够的资金创办自己的公司的。生产者合作社同样也需要参与方之间存在充足的信任与合作，而往往这些参与方本身是缺乏管理经验的，他们很难让公司成功运作。因此，合作社的数量相对是很少的，其中比较著名的工人合作社是美国缅因州的布斯贝地区捕虾人合作社。

消费者或零售合作社则是为了消费者的利益而设立的。这些合作社通常也采用有限责任制，但所有者则是任何可以购买一定股份的大众。股票只能卖回给合作社，而无论股东的股份是多少，每个股东都各自享有一票投票权。股东会选出管理委员会的成员，并根据其股票份额领取固定的分红。分红后剩下的利润则会按照消费量分配到消费者手中，比如有时是以食品券的方式分发的。这类公司中就有位于美国北卡罗来纳州阿什维尔的法国布罗德食品合作社。这家消费者所有的合作社主要销售有机食品和绿色产品。

消费者合作社这样的组织似乎能给消费者带来很多好处。但在过去20年中，这类公司的竞争优势却不断受到常规公司的侵蚀，因为后者能利用规模经济效应。这也是为什么很多消费者现在都抛弃了合作社，转而选择了大型的超市。超市的商品价格即便没有比合作社的更低，至少也是差不多低的。

经济理论

股份制公司

股份制公司是由股东所拥有的商业公司。而这些所有者并不需要偿付公司的负债。换言之，当公司破产时，股东们也仅会亏掉他们的投资，而他们的个人财产是不受影响的。

股份制公司是一种重要的商业组织形式，尽管与独资企业和合伙制企业等其他形式的商业机构相比，股份制公司的数量相对更少，但几乎所有大型的企业都是股份制公司，而且它们的销量、赢利以及雇员数量都是超过其他类型的企业的。所有在美国纽约以及纳斯达克证券交易所上市的都是股份制公司，但不是所有股份制公司都会上市。

通用汽车在20世纪是世界上最大的汽车制造商，也可能是当时最大的公司，其营业额甚至超过了很多国家的收入。

一家股份制公司本身就是一个法律实体，所以它可以签署合同，可以为损害赔偿起诉他人或被起诉，需要纳税，也可能被指控或被定罪。公司可以通过发行股票募集资金用于扩张或开展其他活动。每一张股票都代表对公司的部分所有权。公司既可以是私有的也可以是公开上市的。私人控股公司的股票仅有少数个人持有，不在股票交易所交易。大部分小型公司，包括部分大型公司都是私人所有的。富达投资集团（规模最大的共同资金公司）和洛杉矶湖人队是两家最有名的私人控股公司。

　　一家私人控股的公司可以通过将部分股票向公众销售完成"上市"。一家私人控股公司第一次面向公众发行股票叫作首次公开发行（Initial Public Offering，IPO）。完成IPO后，公司可以二次发行股票，募集更多的资金。

　　公司的股票一经发行，投资人即可通过股票交易所买卖。美国目前有7000余家上市公司。当投资者在股票交易所买入股票时，发行这一股票的公司不会收到任何资金。比如，当一位投资者在纽约证券交易所买入了一股麦当劳的股票，他是从另一位此前购入了这一股票的投资人手上购入的。卖出这一股票的投资人会从买家而非麦当劳公司手中获得收益。公司偶尔也会买回一些股票。这一策略叫作股票回购，是公司管理层认为当前股价被低估时会采取的策略。

　　公司的股东是公司的所有者，他们会选出公司的管理层。股东还会投票选出董事会，让它负责监督公司的活动。而董事会则会选出首席执行官（CEO）来进行日常管理。CEO会定期和董事会会面，评估、规划和讨论商业运营。

　　当公司获得盈利时，董事会可能会选择以分红的方式向股东分发利润。公司通常会按季度宣布并分配股息。不过也有些赢利能力很强的公司选择不分红，而是将利润再投资到业务当中。

与其他形式的商业组织相比，股份制公司能为业务扩张筹措到大笔的资金。其中一种筹集资金的方法就是上面提到的发行股票。

股份公司也可以选择借钱，贷款的利率往往非常优惠。为了满足短期的资金需要，一家公司可能会选择向银行借贷。银行向其信誉最好的公司收取的利率被称为最优惠贷款利率。

长期借贷则是通过发行债券实现的。债券是对债券持有人许诺在未来的特定时间偿还固定数额资金的凭证。公司债券即一家公司的债务。穆迪之类的信用评级机构会对公司债券进行评级。如果公司财务状况良好，债券持有人拿到回报的可能性就高，这支债券的评级就会是值得投资。而如果公司偿还债券的可能性非常不确定，这支债券的评级就会很低，这种债券也会被称为"垃圾债券"。

股份制公司的一大优势在于其所有人，也即股东们，对公司的责任是有限的。一名股东

芝加哥期货交易所的交易大厅，交易商在这里交易玉米、小麦和黄金等大宗商品期货。

能够亏损的最大金额也不过是其购买公司股票的资金投入。即便有人成功起诉了一家公司，胜诉方也无法获得股东们的个人财产。独资企业和合伙制企业则做不到这一点。

当然，股份制在享受这样的好处的同时也有其缺点，那就是双重征税。公司经营所得需要缴纳企业所得税，而股东以分红获得的利润则需要交个人所得税。独资企业和合伙制企业的利润只需要缴纳个人层面的税款即可。

经济理论

成本

生产与销售商品和服务的成本是使用的资源的成本。成本可分为显性成本和隐性成本，也可分为可变成本（随产量而变化）和固定成本（不管产量多少总是保持不变）。

显性成本是公司使用材料、劳动力等物品时支付的费用，其他还包括使用房屋的租金以及租借厂房和机器设备的费用。

隐性成本则是在使用公司所有的资源时发生的。比如公司用于生产的工厂是自己拥有的，那就不需要支付租金了。不过因为公司自己在使用这座工厂，这也就意味着工厂没法租借给其他公司了。放弃将工厂租借给其他公司的机会带来的成本就是自己使用工厂的隐性成本。因此，在这种情况下要确定生产的真实成本，公司必须设定一个租金额度。这一租金额度是按照工厂的规模、结构、维修状态和地理位置决定的。隐性成本

棉花生产中既有固定成本也有可变成本。支付给工人的工资和机器的成本或租金是可变的，当产量提高时，需要的工人数量会增加，设备数量也会增加。

实质上也就是一种机会成本。

长期和短期

短期指一种或几种生产要素无法改变的一段时间。这段时间内工厂和机器设备都是固定的，增加产量的唯一方式是增加材料和劳动力这样的可变投入。在现实生活中，"短期"对于不同行业来说时间长短也是不同的。对于一家化工行业的公司来说，新建一座工厂可能需要五年时间，但一家服装业的小型公司只要买入一台新的缝纫设备，就可以在短短一两周的时间里增加产量。

长期则是指当所有的生产要素都是可变的时间段，也就是说在这个时间段内，有足够的机会买下工厂和设备，研发技术提高生产力，等等。

成本也可以按照不同方式分类。有些成本直接随产量而变化，而其他的成本，至少在短期内是保持不变的。因此，成本可以分为可变成本和固定成本。

可变成本和固定成本

可变成本通常会直接随产量的变化而变化。显然，当公司的产量越高，材料的成本就会越多。比如，如果你想生产更多衣服，就需要购入更多布料、染料、毛线等。支付给员工的工资总额通常也是和产量挂钩的：生产的衣服越多，你就需要雇用更多的人进行生产。典型的可变成本包括原材料的成本以及劳动力和能源的成本。

固定成本则是在短期内不会随着产量提高而改变的成本。比如公司运营的行政成本、房产税、租金等，不管是显性还是隐性的都属于此类。这部分成本是公司即便在产量为零时都不得不支出的。

固定成本还包括过去的一些开支分摊到现在的部分。比如资本折旧，也就是机器设备的损耗和价值折损，就属于固定成本。

固定成本也被称为沉没成本，因为这笔开支是无法收回的。也是因为这些过去的成本无法收回，当下的决策就不需要将这些成本纳入考虑范围。广告投入就属于一种沉没成本。沉没成本可以成为其他公司进入某一市场的壁垒。比如一家公司可能已经在广告上投了大量的钱，它的产品已经在市场站稳了脚跟。对于它的竞争对手来说，这就是一种潜在的障碍，因为如果想在同一行业的同一市场也推出类似的产品，新进入的公司就必须要在广告上也有相当的投入才可能与老公司竞争。因为不打广告的话，消费者还是会继续选择老品牌。

总成本、平均成本和边际成本

在分析公司的决策时，经济学家会关注总成本、平均成本和边际成本。

短期内总成本等于总固定成本加上总可变成本。

而短期内的平均成本则是总成本除以总产量。平均成本可进一步细分为平均固定成本——总固定成本除以总产量，以及平均可变成本——总可变成本除以总产量。

边际成本的定义则是短期内，在总成本的基础上每增加一单位的产量产生的成本。这是决定产量水平时最重要的一种成本。

每家公司的成本曲线都类似于图9。短期内平均总成本和平均可变成本会随着产量的增加而下降。不过对每家公司来说，产量增加时，一开始增量成本会下降，但最终还是会上升。这是因为存在效益递减。边际成本的情况也类似：产量增长的初期会急剧下降，但之后就会升高。

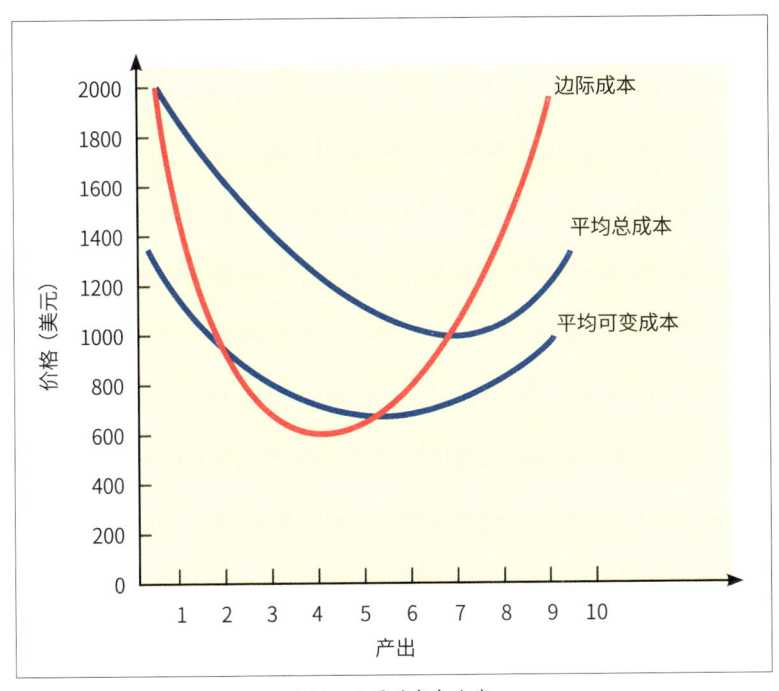

图9 公司的成本曲线

需求曲线

需求是一段时间内商品或服务价格与人们愿意且有能力购买的商品或服务数量之间的关系。需求曲线是经济学家用来表示这种关系的一种常见形式。

价格是需求中的关键决定因素。比如，假如珍妮有10美元零花钱，她打算和朋友们共进午餐。她们去了汉堡王，那里的芝士汉堡卖4美元。珍妮饥肠辘辘，就买了两个汉堡。她很饿这一事实意味着她愿意买两个汉堡；同时她也有买两个汉堡的钱。如果汉堡售价是3美元，而她又的确非常饿，她甚至可能买3个汉堡。但如果汉堡卖6美元一个，那不管珍妮有多饿，她也只能买一个。人们在不同价格下愿意购买的一种商品的数量可以用需求曲线来表示。图9中展示了芝士汉堡的需求曲线，其中Y轴是汉堡的价格（P），X轴则是数量（Q）。

在绝大多数情况下，需求曲线中都会表明价格升高，需求量就会下降，因为图中的曲线是从左向右向下的。比如当芝士汉堡的价格上升后，珍妮买得起的汉堡数量减少，她的需求量也就减少了。为了方便地展示价格和数量之间的关系，其他的因素，比如其他商品的价格以及消费者的收入，也就是在本文的例子中珍妮的零花钱数量，这些因素都被视作不变量。

图10展示的这条下斜的曲线实际上反映的是边际效益递减的规律。一开始，珍妮因为很饿，准备花高价买1~2个芝士汉堡。但吃下3个汉堡后，不管汉堡价格有多低，她都不太可能买更多的汉堡。

商品或服务的价格本身其实不太会是决定需求的唯一因素。消

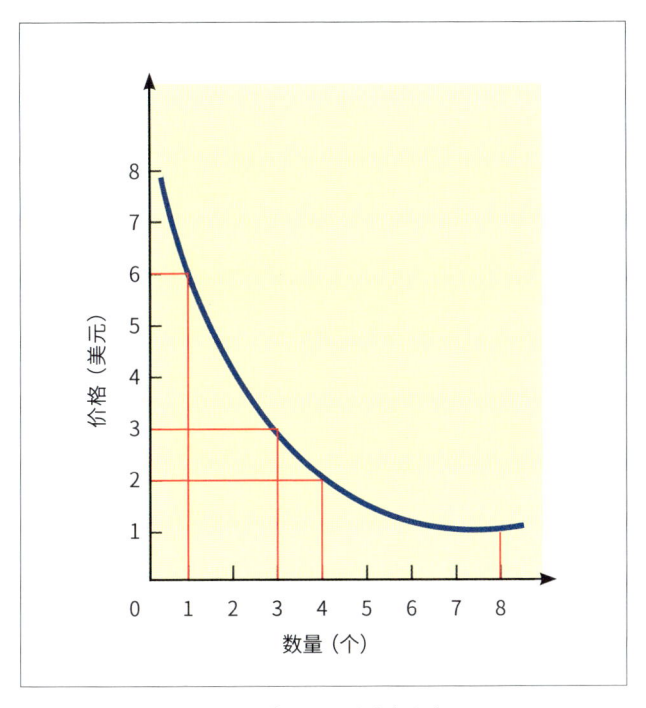

图10　芝士汉堡的需求曲线

费者的收入是另一重要因素（这个例子中珍妮的收入就是她的零花钱）。其他的变量包括替代商品或互补商品的价格、广告、时尚潮流、借贷的成本和可获得借贷的难易程度以及人口规模等。

价格和需求

当一种商品的价格相对其他商品的价格上升时，这会对需求产生直接和间接的两种影响。直接影响也被称为替代效应，也就是说消费者很可能会将他们部分或全部的开支用在价格更低的同类产品上，以此实现自身满意度的最大化。在此处的例子中，如果珍妮发现汉堡王的芝士汉堡价格涨到了6美元，她可能就会去街对面的麦当

经济理论

需求最重要的决定因素是价格。当价格过高时,这种商品或服务的需求就会低于供给,过剩也就会出现,就像图中这些卖不出去的西红柿一样。而供给过剩最后又会带来价格的下跌。

劳买汉堡,因为她知道那里的汉堡只卖4美元。这样一来,她就能买到2个汉堡,肯定就会比在汉堡王买1个汉堡更开心。

价格上涨对需求的间接影响也叫作收入效应。如果一种商品的价格上涨,消费者的购买力就会减弱,也就是消费者手上的钱买不到之前那么多商品了。这就可能改变消费者分配资源的方式。汉堡如果卖4美元,珍妮可以买上两个汉堡外加一杯汽水;而如果价格涨到5美元一个,珍妮还是能买两个汉堡,但就没有多余的钱买别的了。在这种情况下,珍妮可能会做出不一样的选择,比如买一个汉堡、一杯汽水加一个苹果派。

收入和需求

消费者收入的增加，比如珍妮从父母那儿拿到更多零花钱，几乎总会带来需求的增加。图11展示了当珍妮有了15美元的零用钱后，她的需求曲线就变成了 D_1。类似地，如果收入减少，比如零花钱减到了5美元，需求也会随之下降，珍妮的需求曲线也就移动到了 D_2。

总需求的增加几乎总是小于收入的增加，因为人们总是会省下一部分的增收（这里的"省下"指的是"不去花"，而不是"存起来"）。即便珍妮拿到了15美元的零花钱，她可能还是会按照最初的计划买两个汉堡加一杯汽水，给自己下周留5美元。

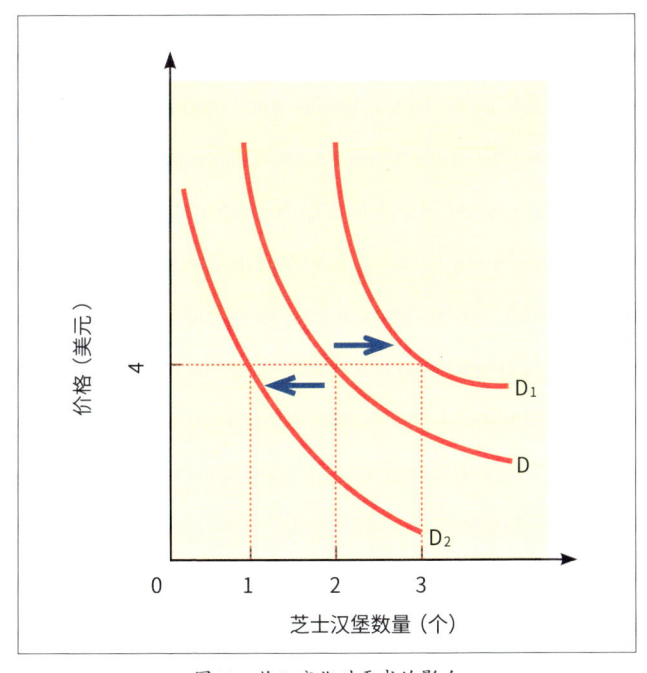

图11 收入变化对需求的影响

发展中国家

发展中国家指的是正在追求发展其商业和工业的国家。智利、危地马拉、泰国和印度都属于发展中国家。世界上四分之三的人口都居住在发展中国家和较不发达国家。

印度庞大而廉价的劳动力已成为其制造业基地发展的重要因素。

发展中国家的历史、人口情况、文化、气候和资源情况都各不相同，但他们却有以下这些的共同特点，尽管不同国家的程度不同：

• 通常缺少足够的资本资源，比如工厂、工具、机器、道路和学校等。而国内现有的这类资本往往状况也很差。

• 这些国家的人往往受教育程度不高，很多孩子都没有条件上学。或是家庭负担不起孩子读书的费用，或是孩子从小就要开始工作。女孩获得教育和培训的机会比男孩更少。这种状况的后果就是,发展中国家中往往充斥着大量没有特别技能的劳动力。

• 劳动生产率也很低下。劳动者在缺乏必要的机器设备或技能的情况下,产量也就大打折扣。

• 发展中国家的人均收入很低,而这部分是因为劳动生产率低下。在很多情况下,低人均收入往往还伴随着巨大的贫富差距。

• 生活在发展中国家的人们预期寿命也会低于发达国家的人们,而且他们的健康状况也更糟糕,更容易遭受疾病困扰。

• 而上一点则部分是因为大量低收入人口无法负担起健康的饮食。许多人也享受不到医疗服务,住在穷困、脏乱和拥挤的地方,喝不到干净的饮用水。

• 最后,发展中国家的人口出生率往往很高。这部分是因为儿童死亡率很高,而人们如果知道孩子很容易夭折,就会倾向于多生。其他的因素还包括社会的态度、人们的受教育程度和节育措施的普及程度。

可能的出路

这些特点都是彼此相互关联的。劳动生产率低是因为缺少资本资源和教育;而这又会导致人们的收入低,也就会继而影响人们的生活水平和健康状况。

不过,有些发展中国家在全球市场中竞争时却能将其部分特点善加利用。比如庞大的人口也就意味着商品和服务的巨大市场,并意味着大量廉价的劳动力。例如,印度早已将其廉价的劳动力作为经济增长的基础,推动发展制造业基地和打造高度成功的计算机产业。

20世纪70年代，很多经济学家认为，解决发展中国家贫困问题的最好办法是借给它们资金，用于投资，提高资本存量，扩大商品和服务的产量，并通过贸易偿还债务。国际货币基金组织（IMF）、世界银行等机构，以及西方的大型银行都向墨西哥、巴西、印度、津巴布韦和马来西亚等国提供了贷款。这些贷款许多都是附加严格的条件的。这些机构提供大笔贷款是希望之后能够连本带息地收回资金。这些贷款带来了许多经济政策上的影响：比如债务国需要采取措施对抗通货膨胀；或是将本国经济开放，参与国际贸易，并引入投资。

不过，发达国家希望这些贷款能带来的经济增长规模却并未实现。20世纪80年代，很多发展中国家都发现自己已经深陷西方的债务泥潭之中。现今，发达国家正设法减少或免除部分发展中国家的债务。世界银行和国际货币基金组织也重新回顾了自身的政策，并在探索技术复杂程度低、规模更小、参与度更高、更负责任的发展方式。

效益递减

效益递减是指试图通过增加工人数量或使用先进技术提高产量却未能带来产出的连续增长，而这通常是生产经营效率变低导致的。

根据效益递减规律，在生产过程中，随着劳动力或机器设备这样的可变要素数量不断增加，每一额外单元的可变要素投入带来的产出最终会降低。尽管每一单位额外的可变生产要素本身是完全相当的，其他因素也保持不变，但这些要素的使用效率也会降低。这一法则可以用一个农业的例子加以说明，这个例子主要围绕种子、化肥、劳动时长等资源的投入量与最后的收成的关系展开。

如果一位农场的工人只在固定的一片农田上耕种，那么产量就会受到这个工人所能提供的劳动量的限制。当农场雇用更多工人的时候，每单位劳动力的产量在开始时会增加，这是因为当有更多人负责种植、灌溉和收获的时候，

每棵苹果树结果的数量都是有限的，单纯增加采摘工人的数量势必会导致新增工人能额外采摘到的苹果数量的减少。

专业化的优势就会显现。不过最后一定会到达一个转折点，每多雇用一个工人带来的额外收益会开始下降。每个工人手头的活计会减少，对产出的贡献也就会变小。最后甚至整体的产出量都会下降，因为额外雇用的工人可能会妨碍到之前雇用的工人的工作。

同样地，在一个规模固定的工厂中，每多雇用一个工人，额外收益会开始减少的转折点也一定会存在。又或者增加更多的机器设备在一开始会带来产量的提高，但是到最后整体产量反而是会减少的。

效益递减法则势必会影响到成本。在短期内，引入更多的生产要素会让边际成本和每单位产出平均成本在开始的时候下降，但之后就会开始攀升。这正是图12所展示的情况，成本曲线会呈现U字形：一开始下降，之后会开始上升。

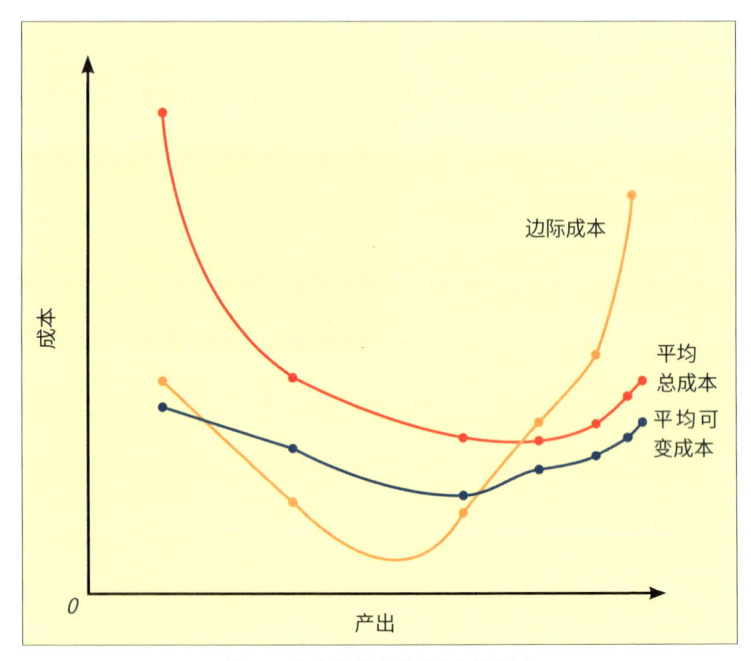

图12 效益递减法则对成本的影响

经济效率

效率可以定义为衡量分配体系满足人们需求程度的一个指标，经济学家会用到几种不同的效率：分配效率、技术效率、生产效率和帕累托效率。

任何经济中资源都是有限的，但人们的需求却是无穷的。所以需要一些体系决定如何对有限的资源进行分配。这些体系的有效性就是分配效率。市场机制和政府进行的中央计划体制就是两种可能的经济资源分配方式，比如将商品和服务分配给消费者，或把生产资源分配给生产者。

设想一个由爱丽丝和比尔两个人组成的经济体，这个经济体的各种产出都会在两人间分

传统的小规模农业可以实现静态效率，也就是利用一定量的资源和工具在一片土地上实现可能的最高产量。

配。如果说资源分配的结果是无法做出任何改变让两个人的其中一人获益更多而不使另一人受损，这样的分配就是有效率的。

分配效率是否有改进空间取决于爱丽丝和比尔从组成总产出的各种商品中获得的边际效用。比如我们可以假设总产出由电脑游戏和书两种商品组成。爱丽丝更喜欢电脑游戏，而比尔更喜欢书。把比尔的一个电脑游戏拿去交换爱丽丝的一本书就是一种更有效的分配，因为两人的总效用或说满意度都增加了。

技术效率

当一种生产方式下生产一定量的产出无法使用更少的资源实现时，我们就可以说该种生产方式是技术效率的。换言之，这种生产方式实现了对材料的最大限度的利用。生产函数可以确定在一定资源量下会获得的最大产出。生产函数上的每一点都是在特定资源量下技术效率最高的资源的有效组合。一家技术效率高的公司会在生产可能性边界上进行生产。而技术效率高的经济体则可以保证整个经济高效运转。

生产效率

生产效率是用来衡量在生产不同产品的经济体中资源如何在不同部门间分配的指标。当经济体中所有产品的产量一定时，若能用手头的资源保证最后一种生产出的商品能达到可能的最高产量，这个经济体就是有生产效率的。换言之，没有一种商品的生产效率低于其他商品的生产效率。与技术效率不同的是，生产效率未必保证在总资源一定时所有商品的产量都达到最大。

帕累托效率

帕累托效率这一概念是意大利经济学家维尔弗雷多·帕累托（Vilfredo Pareto, 1848—1923）在1909年提出的，包含了前面提到的各种效率。帕累托效率指的是，在消费者的喜好、资源和技术都一定的前提下，让部分人收益增加而不让任何人遭受损失的资源分配方式是不存在的。这就意味着，对资源的利用实现了技术效率，也因此是满足生产效率的，所以总产量无法进一步提高，而当前的产出分配也是最优的。在经济学理论中，完全竞争市场被默认就是符合帕累托效率的。

使用化肥和购买机械设备都表明现代农业是追求动态效率的，因为这些做法都是在试图提高潜在产出。

静态效率 vs 动态效率

分配效率、技术效率、生产效率和帕累托效率都假定经济体中资源和技术是一定的，所以这些都是短期或静态的效率衡量指标。而从长期来看，资源和技术都不是固定不变的。

为了实现动态效率，经济体必须尽力扩大自身的产量。而为了实现这一目标，方法是通过增长、融资来创造额外的资源，并通过为生产技术投资来提高技术水平。

潜在产量增长得越多，经济体的动态效率就越高。而在任何时间点，实际产量越接近潜在产量时，静态效率就越高。

公平 vs 效率

在帕累托效率下，任何人的获益不应该让其他人利益减少。在现实中，福利国家则主要关注如何保证社会中的穷人得到支持和帮助，而这背后的成本往往是要由富人承担的。这样的财富再分配会让部分人利益受损，所以这种做法并不能提高整体的效率。不过这种做法却能让贫富差距有所缩小，所以是能提高公平的程度的。

所以符合经济效率的做法不一定是公平的，而同样地，公平的做法也未必是符合效率的。在理想世界里，最优解一定是能同时实现公平和效率的。如果无法实现这种理想情形，社会就要决定可以为公平牺牲多少效率。

规模经济

规模经济意味着公司规模扩大时,单位成本会下降。

在短期内,随着公司发展,单位成本在一开始会下降。不过到了一定节点后,由于存在边际效益递减,单位成本会上升,因为每单位投入的产出会减少。不过这未必是长期的情况。长期是一个相对抽象的概念,指的是一个长到所有其他要素均可变时的时间。比如一家公司的工厂和建筑可以新建或完全翻新,从而实现运营规模的扩大。

当公司开始扩张时,它能享受到规模经济的好处,这从长期看意味着产出的增加会带来平均单位成本的下降。如果一家公司生产罐装苏打水,最初几罐的生产成本一定是很高的,因为此时建筑和工厂之类的成本还未随着产出而变化;但当产量不断提升的时候,每一罐苏打

当一家公司建起了仓库这样的设施,里面存储的物品越多,这座仓库的使用成本就会越低,而这也就会反过来降低储存物品的单位成本。

水的生产成本就会降低。

出现规模经济的一种原因是机器本身是不可分割的。假设一台机器可以每年生产10万罐苏打水，而只拥有一台机器的公司想要把产量提高到一年12万罐，就需要采购一台全新的机器，而不是只买五分之一台机器。不管要生产的是2万罐还是10万罐汽水，购买一台机器的成本总是固定的。因此，每一罐汽水的固定成本会不断减少，因为机器的成本可以分摊到每一罐汽水上。

规模经济也可能是因为经济维度的增加引起的。机器的设置与运作成本并不是随体积等比例增长的，比如购买和运作一台产能翻番的机器的成本未必也是翻番的。相较于较小型公司，大公司在大宗采买的折扣谈判上和借贷方面都更有优势。在公司规模扩大后，行政管理的效率也会提高，管理层也可以采用一些诸如工作研究和运营研究等更复杂的技术，为公司带来收益。

不过，规模变大并不会自动提高效率。公司规模提升后，长期平均成本也有可能会开始增加。当规模扩大导致单位成本上升后，公司就在经历所谓的规模不经济了。而出现这种情况最常见的原因是管理的失败。公司在扩张过程中无法有效协调和管控最终可能导致组织的混乱。比如需要设置监督其他经理的管理者，开会更频繁了，书面工作增加了等，在这些情况下，不直接参与生产的时间和劳动力增加了，这会降低效率，影响到成本。

规模收益

公司的平均成本曲线在长期往往是U形的，和短期的情况类似。图13展示了一家公司长期的平均成本曲线。规模经济在X点变成规模不经济。不过有研究表明，许多行业中长期的平均成本曲线其实是像图14一样，是L形的。

在这里的例子中，成本曲线在长期内达到最低点时被称作最低有效规模。在这个点之后，尽管规模经济逐渐消失，规模不经济也不会再出现，持续的规模收益反而会出现。

规模收益是用来描述公司产出和用于生产该产出的长期投入数量之间的关系的术语，就比如生产的苏打水的罐数和用于生产苏打水的糖、水、调味品、铝、劳动力和机器的数量之间的关系。当长期平均成本曲线下降时，公司是在享受规模经济效应；而当这条曲线向上攀升时，规模不经济出现了。在 L 形的曲线中，公司则达到了最低有效规模，也就是说，公司管理层成功找到了在规模不断增加时也能保持效率的方法。当一家公司的管理结构允许许多任务被授权下放，同时也能通过有力的控制和监管保证有效管理时，这种情况就是有可能实现的。

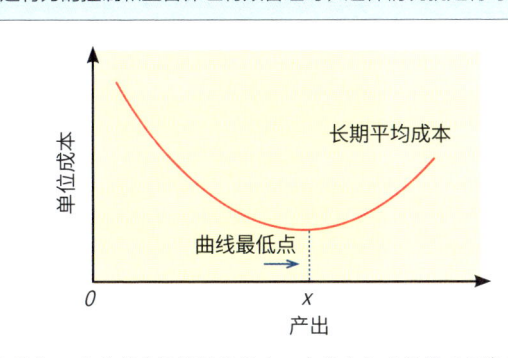

公司在 X 点前享受规模经济效应，在该点之后规模不经济就出现了。

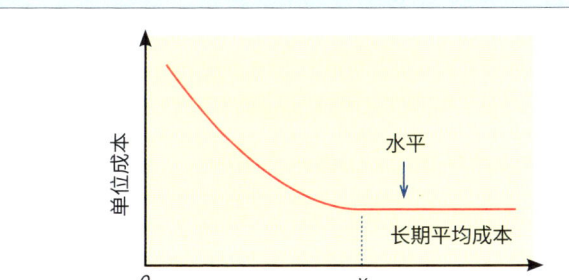

图13　U 形成本曲线

在 L 形的成本曲线下规模不经济不会出现。当在 X 点达到最低有效规模后，长期的平均成本就恒定了。

图14　L 形成本曲线

经济理论

弹性

弹性是用来衡量一种变量（因变量）对另一种变量（自变量）的变化的反应程度的指标。弹性经常用来衡量一种商品或服务的价格（自变量）变化对需求量或供给量（因变量）的影响。

需求的价格弹性（PED）是需求量的变化相对于价格变化的反应程度。而供给的价格弹性则是供给量相对于价格变化的反应程度。

需求价格弹性的决定因素

决定一种商品的需求价格弹性的因素有很多，而毫无疑问，这种商品的替代商品的可获得性是最重要的一个因素。通常存在替代品的商品的需求价格弹性会比没有替代品的商品的更大。比如当黄油价格上涨的时候，黄油的需求量就会大幅下降，因为人们会转而选择购买人造黄油，这是一种相对可接受的黄油的替代品（见图15）。这里的需求曲线是富于弹性的。不过，像食盐这样的商品，因为缺少接近的替代品，需求相对无弹性——食盐价格的涨跌不会引起需求量太大

面包的需求相对是缺乏弹性的，因为这是一种缺少相似替代品的主食。但不同的面包品牌却是富于弹性的：因为不同品牌的面包之间完全可以相互替代。

的变化（见图16）。缺乏弹性的需求曲线的斜率非常陡。

正如之前章节中解释的，一种商品的需求量会随着价格变化而改变。不过弹性也受到购买频率的影响。相对便宜且购买频率较高的商品的需求弹性通常会比昂贵且购买频率较低的商品更小。这也解释了为什么报纸的需求弹性会比汽车的小。

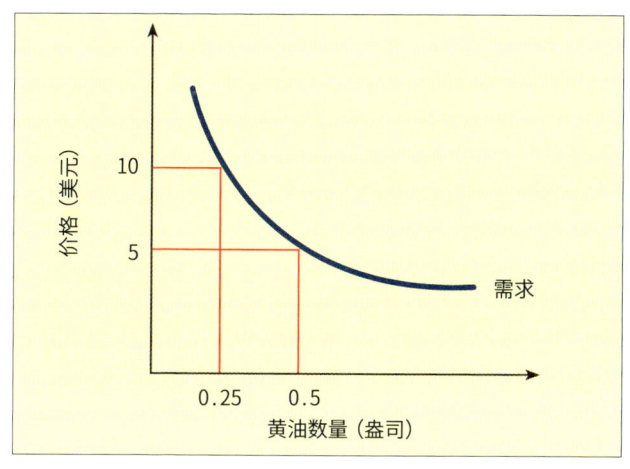

图15 相对富于弹性的需求曲线

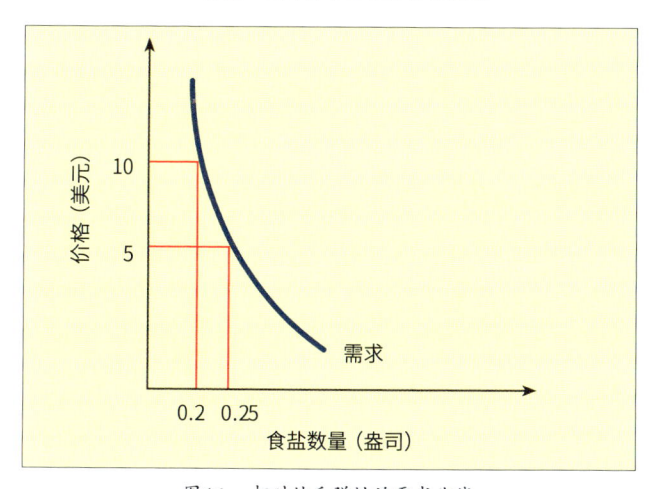

图16 相对缺乏弹性的需求曲线

计算弹性

我们知道价格的改变会引起需求量的变化,所以需求的价格弹性可以这样计算:

PED =X 商品需求量改变的百分比 /X 商品价格改变的百分比

通常,当弹性的绝对值大于1时,我们会说这两种变量之间的关系是富有弹性的;如果绝对值小于1,这种关系就是缺少弹性的。需要注意的是,PED 通常是负数,而我们通常会忽略负号。

另一点需要注意的是,对于任何两个变量,变量的值发生变化后,两者间的弹性关系也会发生变化。比如我们发现需求的价格弹性通常在价格低时较小,而在价格高时较大。要理解这一点,不妨假设一种商品 X 的价格从20美元降到18美元和从4美元降到2美元的这两种情况:在两种情况下,价格都下降了2美元,但是在第一种情况下,价格的变动是 –10%,需求量的变化则是 –50%,所以:

PED = –10/50或 –0.20

而在第二种情况下,价格的变化幅度是 –50%,需求量变化是10%,所以需求价格弹性就是 –5。省略了负号之后,两种情况下的价格弹性分别就是0.2和5。

PED 与总支出

对于任何商品而言,其需求价格弹性和这种商品的总支出之间存在着非常重要的关系。通常,当一种商品的需求价格弹性大于1,也就是富有弹性时,价格的下降会带来总支出的增加,而价格的提高会导致总支出的减少。而如果需求价格弹性小于1,相反的情况就会发生:价格的提高会带来该商品总支出的提高,而价格的下降将导致该商品总支出的减少。

供给的价格弹性

供给弹性是供给量的变化对价格变化的反应程度，其衡量方式与需求的价格弹性类似，只不过公式中的"需求量变化百分比"会被替换成"供给量变化百分比"。供给的价格弹性总是正的，因为供给曲线一直是正斜率。决定供给价格弹性的主要因素是时间。供给量的增加取决于现有供应商增加产出的能力或新供应商进入市场的能力。而这两者都是需要时间的，在某些情况下，比如煤炭和石油生产，这个时间可能是几年之久。也因此，供给的价格弹性在长期会比短期内更大。

对于汽车之类的高价商品的需求即便在价格上涨后也是比较恒定的。而较廉价的商品的需求对价格就会更加敏感，在价格上涨后销售量可能会下降。

其他衡量指标

其他的弹性衡量指标包括需求的收入弹性和需求的交叉弹性。需求的收入弹性衡量的是需求量的变化对收入改变的反应程度。由于收入通常会随着时间变化而增长，需求的收入弹性对于公司的长期规划和战略有着重要意义。需求的交叉弹性则是衡量一种商品的需求量变化对另一种商品的价格变化的反应程度。这一指标为正表明这两种商品互为替代品，因为一种商品价格的上涨会带来另一种商品的需求增加。而这一指标为负表明这两种商品是互补商品，也就是两者是要共同消费的，因为一种商品的价格上涨会带来另一种商品的需求减少。

平等和公平

在经济学中，平等和公平都是用来描述社会中收入分配的术语，但两者是不一样的。一个国家的经济产出在人口中平等地分配可能并不是公平或正义的，而公平的分配则是公平和公正的。

如果我们把一国的经济产出想象成一块蛋糕，那平等和公平其实都是指分这块蛋糕的方式。比如在市场经济中，分配主要取决于资源的所有权。拥有最高价值资源的人往往会分到最大块的蛋糕。而在社会主义经济或者计划经济下，政府或国家拥有绝大部分资源，并根据其对人民需求的评估来分配。

建在繁华的商业区旁的贫民窟无情地展示了某些经济体制下不可避免的不平等现象。

经济理论解释了社会管理其资源的不同方式。这里的资源指的就是土地、劳动力和资本。不过这些经济理论的目标各不相同，而且评判经济表现好坏的方式也有很多。当进行评估时，经济学家往往会将公平与效率进行比较。资本主义政府通常会更注重效率，而社会主义政府则通常更关注公平。

效率指的是社会对资源的利用最大化。高效的经济会以尽可能低的价格生产出人们想要的物品。一个经济体是否高效取决于分配给人民的经济蛋糕的大小。

社会主义经济的一大前提是人人都应该分到同样大小的一块蛋糕。资本主义经济则通常是根据个人的贡献进行分配，而那些工作更努力的人就会变得更加富有。不过大部分资本主义政府也承认实现程度或大或小的平等是可取的。

比如在美国，高收入人群的税率比低收入人群的高。这是因为他们的经济实力更强，他们更能负担得起政府的各类项目的费用，比如为社会贫困人士提供的住房、食品和医疗援助等。通过这一方式，政府将富人的一部分收入再分配给穷人，从而让经济产出的分配更加平等。不过，如果高税率会让富人工作的意愿降低，社会其实就是牺牲了效率换取更大的公平。对公平和效率的追求有时是互相冲突的。这并不意味着社会不应该帮助那些穷困和弱势的群体，而说明在制定经济政策的过程中，政府需要对两者加以权衡。

汇率

汇率是一种货币根据另一种货币来计量的价值而确定该种货币自身的价格。汇率可以升高也可能降低,所以在国际贸易中非常重要;汇率还决定了在国外度假的人口袋里的钱到底价值几何。

国际贸易通常比国内贸易更加复杂,因为出口商更愿意以本国的货币结算货款。所以假如一家美国公司出口运动鞋到日本,这家公司会希望对方支付美元;而一位日本的录像机出口商将商品出口到美国,就会希望对方能支付日元。货币是在外汇市场进行交换的。市场中每一种货币的价格和其他商品的价格一样,都是通过供需关系确定的。

一国货币的供需是由该国的贸易水平决定的。美元的需求受美国商品在其他国家的需求的影响。日本需要购入美元用于支付美国出口的运动鞋的货款,也就因此增加了美元的需求量。类似地,美元的供给也受到日本商品在美国的需求量的影响,因为美国的进口商会提供美元来购买日元和其他的货币。

一种货币相对另一种货币的价值反映出了多种因素。不过从本质来说,外汇市场中的货币就和任何其他商品一样,价格是由其数量和愿意购买的人的数量决定的。

如果货币的供需不受政府的干预，汇率就会自由浮动。不过政府也可能设定汇率，在这种情况下，基础汇率是固定的。一国政府也可能买入本国货币来提振需求或是抛售货币以提高供给，从而让汇率稳定在固定汇率的水平。

汇率也取决于投机者和投资人对一国经济发展形势的判断。投机者会通过大量买入或卖出一国的货币来获取交易带来的好处，换言之，此时汇率的涨跌就不再反映该国经济的实际的贸易活动了。20世纪90年代末，投机者为了从汇率的涨跌中获益，甚至有时可以随意操纵一些较为弱势的货币。

对于大部分人来说，他们与汇率之间发生的接触往往是在出国旅行的时候。汇率决定了他们拿本国货币能换来多少他国的货币。

外部性和环境

外部性是指一位消费者或生产者的决定对其他个人带来的影响,而不是通过该决定对市场价格带来的影响。比如如果一个人在宾客满座的饭店里抽烟,这个人自身付出的成本无非是这支香烟的价格和抽这支烟对他身体带来的负面影响;但其他人为此承担的成本又是多少呢?其他人因为吸入二手烟的健康成本又是多大呢?

外部性这一经济学术语指的是个体消费者或生产者的活动带来的成本中不由他们自身承担的那部分。外部性的价值是由社会整体的成本或收益减去个人的成本或收益表示的。所以在上面提到的宾客在饭店里抽烟的例子中,这一行为的外部性价值就等于饭店里其他人因为吸二手烟所遭受的身体不适产生的健康成本减

污染的发生正是因为对公司来说直接向周围环境排污比处理废料污水成本更低。但污染造成的成本最后却会由全社会共同承担。

去抽烟者自身承担的成本。

外部性既有负外部性也有正外部性。一方面，比如一家公司可能想增加化学品的产量，这就是一个负外部性的例子。这可能会导致公司向附近河流倾倒的废水量增加，而影响到人们是否会吃从这条河中打捞到的鱼。另一方面，镇议会认为，保持街道的整洁对于当地的居民是有好处的，不论这些人是否缴纳了税款。这就是正外部性的例子。

成本效益分析

外部性的存在是因为自由市场中的交易未必总是会实现对社会最优的结果。换言之，进行交易的人总是会优先考虑自身的需求，即便他的需求有可能和社会整体的利益相冲突。通过成本效益分析确定的边际社会成本可以被用来衡量对社会最优的结果是否实现。这一分析分两步进行，第一步是确定哪些相关方会受益、哪些会受损（比如污染问题）；第二步是确定获益或受损的程度。利益和损失的总和就是净额外社会效益或成本。

不过实际计算净额外社会效益或成本的过程比上面的描述要复杂很多。这一过程往往会牵扯到很多个体，他们彼此间相互依赖，有时参与的各方也无法被完全确定。回看刚才化工厂的例子：工厂可以排污，这意味着利润可以更高，因为直接向河流排放污水是没有任何成本的；工厂的员工的就业也因此更有保障；对政府而言，工厂利润更高就意味着税收可以更高；而因为该公司的员工收入更高，当地的企业销售额也增加了，同样可以从中获利。

而从成本角度分析，当地的渔民因为水污染会直接导致鱼类数量的下降而遭受损失；当地消费者也就买不到从这条河里捕捞上来

外部性和环境

的鱼了。而当地居民会因为环境被破坏受到影响，又或者会因为在河里游泳出现健康问题。不过，因为当地的鱼类供应量下降，其他地方的渔民就会因为需求上涨而获益，如图17所示。

私人与社会的成本和效益

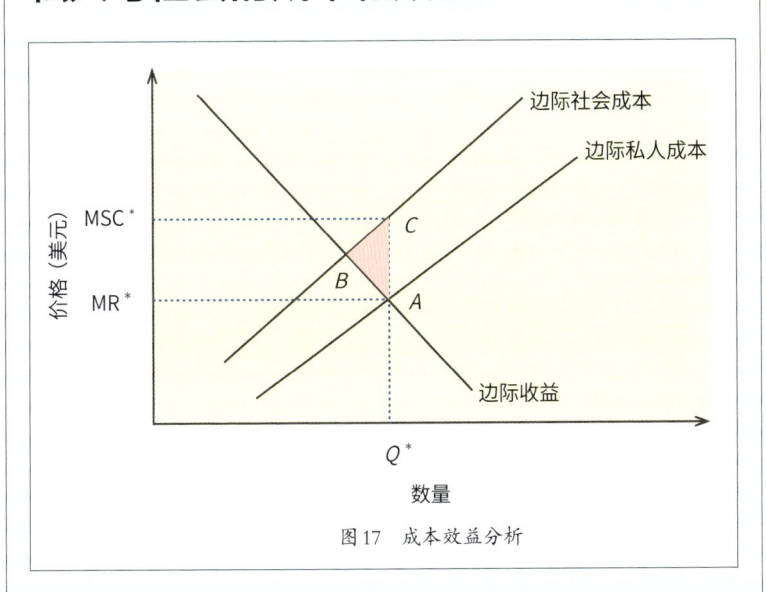

图17 成本效益分析

外部性的存在是由于做决定的个体生产者或消费者的私人成本和效益与社会因这一决定而承受的社会成本和效益之间存在差距。在化工厂污染河流的例子中，这家工厂的私人成本是生产化学品的成本；而社会成本则包括当地人们共同承担的各种损失，比如鱼类消费量减少以及河流污染的增加。

假设这家公司想要实现利润最大化，它就需要继续生产，也就会继续污染河流，直到其边际私人成本（MPC）和边际收益（MR）相等。公司会在 A 点产出 Q^* 数量的化学品。假设个人也会持续消费，直到他们的边际收益与边际成本（购买的价格）相等，而这里的个人边际收益就等于边际社会效益（MR*）。这一点的边际社会成本（MSC*）却是大于边际效益的，所以对社会来说这一结果是不高效的。不过当边际社会成本（MSC）与边际社会效益相等时，也就是在 B 点，社会的整体结果是最优的，这时公司会以更高的价格生产更少量的化学品。非最优结果（A 点）下所有的额外"社会成本"即三角形 ABC 的面积。

在许多情况下，用金钱衡量社会效益或成本是很难的，因此，对不同变量进行比较也是不容易的。比如在就业保障和在河里游泳究竟哪一个价值更大，这就很难说清楚。

干预

假如一项活动带来的社会成本或效益可以被确定，那下一步就是通过干预以"强行"实现对社会来说更好的结果。目前的问题是私人与社会的成本和效益之间存在不一致，所以解决方案就是让两者尽可能接近。

要实现这一点，政府可以通过对排污企业征税来提高他们的成本，或是为环境友好型企业提供补贴以减少额外社会成本。

绿色经济

将环境责任纳入经济政策中促发了"绿色经济学"的产生，比如通过税收或补贴强行实现符合社会效率的结果。不过从纯经济学的角度来看，这样的策略不过是努力修正自由市场的失灵，即无法将一项活动中非直接的市场参与方所承受的成本或收益考虑在内。

外部性和政府政策

当经济活动产生了市场机制未曾预想过的影响时,外部性就出现了。负外部性则是指某个个体的福祉受到了另一个经济主体行为的影响而受损却没有得到任何赔偿。正外部性则是相反的情况。

石油泄漏对于石油生产和运输而言就是一种负外部性。

外部性通常发生在商品不存在市场的情况下,也因此市场价格就不存在了。比如说环境是没有市场的,一家公司可以把废物倾倒进海里或通过烟囱把废气排到大气中,却不需要向任何人付钱。环境问题都具有负外部性,因为经济主体（比如公司）在决定开展活动时并不会考虑污染会对整个社会带来的成本。

外部性是市场机制未能反映出的外部成本或效益。比如你买含铅汽油花的钱只涵盖了汽油的生产价格，却不包含使用汽油造成的污染给社会带来的健康成本。因此，外部性的存在会导致社会效率低下的结果。

不过政府干预却能通过分配产权将外部成本或效益"内部化"。分配产权是社会对经济资源所有权和使用进行管理的一种机制。许多经济学家认为，外部性的出现正是因为缺乏对产权的明确界定，这也阻碍了市场的存在。如果一类资源被赋予了产权归属，市场和市场价格就会随之而生。比如政府可能决定向坐落于河边的公司销售排污许可证。这些许可证代表了对环境的使用权，该许可证允许公司向河中排放一定量的污染物。对许可证的定价表明了以这种方式使用环境的成本，也就能确保对环境更高效的利用。

另一种解决方式叫作"庇古方案"（Pigovian solution），具体做法是对产生了负外部性的活动征税，或对产生正外部性的活动进行补贴。比如对含铅汽油征税来提高驾车者的购买成本。同样地，对生产无铅汽油的公司发放补贴，最终让消费者购买汽油的价格更低。

因此，通过让经济主体缴纳污染税也就可以把外部成本和效益内部化。政府也可以通过发放补贴鼓励公司使用污染更小的生产工艺或是制作更加环境友好的产品。

联邦制

联邦制是一种权力在中央政府和若干地区或州政府间划分或共享的政治组织形式。权力下放的方式在不同政府间和不同时期都有很大差异。

美国是实行联邦制的国家。位于华盛顿特区的中央或联邦政府负责提供公共产品，如国防、监管市场失灵和外部性、设定政府开支和税收、控制货币供给，以及很多社会项目。而州政府主要的职责是制定教育和应对贫困的政策，管理这些领域的预算并执行相关的法律。其他实行联邦制的国家还包括巴西、加拿大、德国和瑞士。虽然有很多体制都自称是联邦制，但它们彼此之间却又各不相同。

美国的政府实行的是联邦制。尽管在20世纪大部分时间内联邦政府的权力越来越集中，但在90年代很多政策事物的决策权又回到了州政府手上。

经济理论

美国联邦政府原则的确立主要归功于首席大法官约翰·马歇尔；而这些原则也早已被庄严地载入了1787年的宪法中。这些原则中起初仅规定联邦政府的权利被限制在制定条约和印制货币这两个领域，其他的权力都属于各州。不过随着时间的流逝，很多属于各州的权力和责任都被收归到联邦层面，而这样的趋势正是从大萧条时期开始的。当时许多政府都缺少资金或资源解决州内严重的失业问题和大量的贫困问题。时任总统富兰克林·罗斯福和当时的国会通过了包括就业项目在内的法规，帮助有孩子的家庭，也为无法工作的人群提供援助。对于许多这类项目和服务的管控权都集中到了联邦政府手上。这样的趋势在之后的一些社会项目（食物券和医疗保健项目）中得到延续，一直到1970年环境保护署的建立，这些项目和部门都成了联邦政府的职责所在。

近年来，越来越多人呼吁联邦政府将部分权力交还给州政府和地方政府。缩减联邦政府的规模也是国会从20世纪80年代晚期一直到90年代的主要关注点。现在联邦政府需要给州政府和地方政府提供资金才能执行大部分新的联邦政策或指令。各州权利的增加，对贫困、教育和环境等公共政策问题产生了特别的影响。

不过，大部分能够影响和塑造美国人经济生活的关键政策决定依然是在联邦层面做出的。比如货币政策会涉及货币供应的管控和设置利率之类的借贷条件，而美联储作为美国的央行和美国政府的银行，是这类政策的主要制定者。类似地，财政政策也可以影响到如物价水平和就业这样的宏观经济目标，其中会涉及确定政府开支和税制，而这则是由国会通过、总统签署的法律决定的。任何财政政策方向的大变动通常都是由美国总统决定的。

财政政策

财政政策是指政府改变其开支或税收政策的方法，目的是实现广泛的经济目标，比如降低失业率、抑制通货膨胀或是促进经济增长。

财政政策是政府通过改变其收入和开支以实现宏观经济目标最基本的手段。政府开支包括商品和服务的采购，比如公路和公共教育；以及转移支付，比如社保制度和福利等。政府收入主要是税收收入，包括针对个人收入的个人所得税、针对企业利润的税收，以及对交易征收的销售税和消费税。

财政政策主要的宏观经济目标包括：实现充分就业，通常是指失业率低于5%左右；物价稳定，这通常是指通货膨胀率在2%及以下；以及经济增长，比如实际人均国民产出每年增长率超过2%等。

美国的财政政策是由总统和国会决定的。而货币政策，也就是会影响到借贷成本的货币

政府可能会通过紧缩的财政政策，比如提高税收和削减福利开支等方式，来控制通货膨胀。这类政策往往不受大多数人的欢迎。

供给变化，则是由中央银行，也就是美联储制定的。

财政政策主要有两种类型。第一种是针对需求侧的财政政策，这类政策主要致力于影响总需求，即经济对于国家产出的总需求。其中扩张性财政政策，包括增加政府开支或减少税收，会增加总需求和拉动就业，但也通常可能会引发通货膨胀。紧缩性财政政策，比如减少政府开支或提高税收，会减少总需求，降低通货膨胀水平。第二种是针对供给侧的财政政策，其关注点在于提升总供给，或增加经济中的总产出，比如在工作、储蓄和投资方面提供更大的激励。这类激励措施可能包括对公司的投资税额抵免，或是个人储蓄的优惠税收。

需求侧财政政策的有效性一直是经济学家争论的焦点。积极稳定经济并使其稳定在接近充分就业的水平是凯恩斯经济学的传统观点。货币主义者则认为改变总需求的财政政策是无效的。新古典经济学家则认为，任何由财政政策带来的总需求改变对产出的影响，最后都会被总供给的改变所抵消。他们认为，税收和支付体系中的福利金部分是系统的稳定器，它可以调节商业周期使其更加缓和。比如失业攀升带来的衰退会因为政府在转移支付上加大投入（一种自动的扩张性财政政策）而得到缓解。而反之，经济扩张需要一种自动的紧缩性财政政策，也就是减少转移支付。

自由贸易和保护主义

保护主义是通过政府规定对进口或出口进行限制。自由贸易则是保护主义的反面，也就是不存在这些限制。

古典和自由市场经济学家认为，自由贸易会让参与其中的各方长期获益。许多人却觉得应该保护本土市场，使其免受国外进口的廉价货物的冲击。比如，美国在20世纪70年代通过限制进口来自日本更廉价的汽车来保护本国的汽车行业。

保护主义最常见的方式就是关税，也就是对进口或出口商品征收的税款。每个国家或多

国家间的贸易是世界经济的重要里程碑。不过货物和产品的交易量往往会受到法规的限制，有时甚至是受到完全的禁止。

经济理论

或少会对一些进口商品征收关税,所以这些进口商就需要按照原来价格的一定比例向本国政府缴税。这样一来,进口商品的价格对于本国消费者来说就更高了,对他们的吸引力也就下降了。部分国家也会对自己的出口商品征收关税,比如巴西会对咖啡出口征税,这种做法是为了给政府增加收入。美国宪法禁止征收出口关税。

以香蕉为例

如图18所示,如果不存在国际贸易,比如在美国生产的所有香蕉都在本国销售,此时香蕉的售价是 P_d,本国市场的供给量与需求量是相等的。全球范围内香蕉的价格是 P_w。在自由贸易的情况下,进口额就等于 Q_2 减去 Q_1,也就是本国供给量和在全球价格下需求量的差值。国际贸易的存在会导致本土香蕉的产量减少,但美国的消费者却会因为能以更低价格买到更多香蕉而获益。如果美国对进口

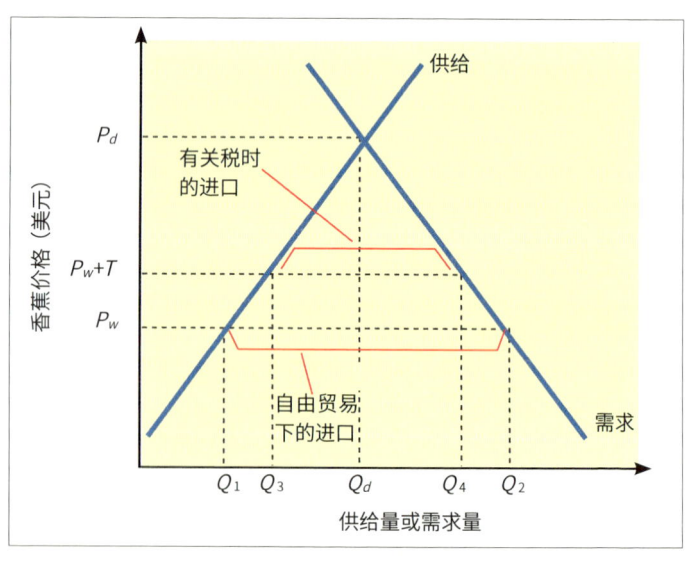

图18 香蕉市场以及关税的影响

香蕉征收关税（P_w+T），进口量将降到 Q_4 减去 Q_3 的水平。这对于国内的香蕉种植者来说是好事，因为他们能以更高的价格卖出更多的香蕉。而对于本土的消费者而言，不仅香蕉的供给量减少了，价格还提高了，所以这对他们来说并不是好事。当然，即便是在有关税的情况下，消费者的收益还是高于完全没有任何国际贸易的情况下的收益。

配额是另一种常见的保护手段，也就是对一种商品在一段时间内的进口量设置限制，比如一年内进口的汽车数量不大于 1 万辆。这一做法会限制商品供应，也因此会抬高价格。而贸易规则和法规等非关税壁垒，比如严格的安全法规等，会让进口变得更加困难。

尽管根据比较优势理论，自由贸易在理论上好处多多。尽管第二次世界大战之后贸易自由化一直在不断推进，但许多人还是认为，对贸易施加限制对一些特定的国家仍然是有好处的。

支持保护主义的理由有很多。第一次世界大战到第二次世界大战期间流行的观点是，在经济衰退期间，保护本国行业对保持就业和国内生产是有必要的。不过很多经济学家现在开始认为，这种做法仅仅是把问题带给了其他国家。比如在美国施加关税后，其他国家也开始报复性地对进口商品征税，因此全球的贸易都受到了阻碍。现在很多针对进口的关税和限制都是相互报复的结果。比如，欧盟在 1999 年下令禁止进口美国的牛肉，因为据称肉类中含有类固醇物质。

保护低效

那些在一定程度上支持保护主义的人可能还会认为，本土企业无法和国外廉价的劳动力竞争。近几年，西方在受到亚洲进口的廉价衣物冲击时就使用了这样的观点，亚洲工人的工资只有欧美地区工人工资的零头。而支持自由贸易的人则认为，国家应该转而生产自己能够更加高效生产的商品。在短期内，这的确会很艰难，因为有些行业会衰落，而资源也尚未被转移到新的行业中去；但在长期，这种做法会让所有国家获益。

支持保护主义的一方的另一个观点是，这种做法对于保护本土新生企业免受国外行业竞争的冲击是有必要的，至少让这些企业先站稳脚跟是最需要的。但问题是，这些新兴行业可能并不会因为保护措施就得到成长。支持自由贸易的一方反而认为，自由贸易会倒逼企业提高效率，否则它就只能破产倒闭。

保护主义的支持者提出了一个类似的观点，即国家应该限制特定商品的进口，从而保护本土的手工业或小规模家庭农业。但自由贸易的支持者则相信，真正要想保护本土企业，补贴是比征收关税更高效的方法。

最后，有人可能会说，对那些关乎国家独立和安全的重点行业和原材料进行保护是必要的，比如国防、运输设备，以及钢铁制造等。比如，如果一国的军备或国防设备需要依赖其他国家，那一旦战争爆发，该国就容易受到武器禁运的威胁。而支持自由贸易的一方则认为，在这种情况下，提前做好战略储备会是更高效的做法。

虽然有这么多支持自由贸易的观点，但像日本和德国等许多成功的现代经济体都曾施行过保护主义政策。世界上很多地方的失业率仍然居高不下，许多受冲击最严重的国家仍把保护主义视为维系本土工作岗位的重要手段。

商品和服务

商品与服务，或说经济商品，是经济活动的基本单位。任何有用且稀缺的东西都可以算一件经济商品，也会有相应的价格。商品是有形的，包括住房、食物、衣服、吸尘器、电视柜、书籍和珠宝等。服务则相对更加抽象，比如医生的服务、电话呼叫、去电影院或剧院、录像带租赁和度假等。

商品和服务有时会按照必需品和奢侈品分类。必需品的消费对于维持最低生活水平是必不可少的，而奢侈品的消费则有助于提高最低生活标准。

商品的典型经济特点，比如稀缺性、有用性和耐久性等，决定了这些商品各自适用怎样

按照经济学术语，看戏是被划分为服务而非商品的；而且是属于奢侈品而非必需品，因为去剧院看戏并不是维持最低生活水平不可缺少的部分。

的分析类型：免费商品是有用却不稀缺的，例如我们呼吸的空气；国防之类的公共商品则是以非竞争性和非排他性为特点的，不管人们是否为之支付了费用，这类商品能为每一个人带来好处，也因此这类商品需要由政府提供。

商品也可以按照其耐久性和最终用途来分类。耐用品指任何不会在消费时一次就被消耗殆尽的，而是可以长时间产生效用或满意度的商品。根据这一定义，耐用品不仅包括那些相对昂贵、技术工艺相对复杂的商品，比如冰箱和录像机，也包括像指甲钳和电视指南杂志等日常物品。

消费品则是个人或家庭购买的商品，包括洗发水、胶卷和汽油等非耐用商品，也包括梳子、相机和汽车等耐用消费品。生产资料则是由制造商和服务提供商购买的商品，包括原材料、设备、土地和其他的生产要素。一件商品可以同时是消费品和生产资料，比如像电力和水力这样的商品是个人和公司都会使用的。

互补品和替代品

商品并不是孤立存在的。有些商品之间是互补的，即一种商品的需求与另一种商品的需求是相关联的。这通常是因为这两种商品需要一起被使用，比如汽车和汽油或者保龄鞋和保龄球就属于这种情形。互补品需求的交叉价格弹性往往是负的：换言之，当一种商品的价格上涨后，两种商品的需求很可能都会减少。

还有一种情况是两种商品互为替代品。尽管两者并非完全一样，但通常满足的是相同的需求；当两者的相对价格变化时，人们通常就会选择价格更低的那一款商品。黄油和人造黄油以及地铁和公交都是互为替代的商品或服务。

商品和服务

商品和收入

人们对正常商品的需求会随着收入的增加而增加；低档商品则相反，收入越高，人们对这类商品的需求反而会减少。低档商品通常会和穷人的生活联系在一起，比如廉价的主食、二手衣物或租金低廉的房子等。这类商品通常会在人们财富增加后被抛弃。

吉芬商品

吉芬商品的名字来自首次对这类商品进行描述的英国经济学家，罗伯特·吉芬爵士（Sir Robert Giffen，1837—1910）。这类商品的需求量会随着它的价格上涨而提高。吉芬解释了在19世纪的英格兰，为什么面包价格的上涨对于缺乏资源的城市贫民会有如此大的影响：他们会被迫放弃更贵、重要性更低的食物，省下钱来买面包。所以面包价格的上涨可能会带来蛋类和肉类消费量的下降，却会因为人们用更多的面包填补热量的缺口而带来面包需求量的增加。面包价格的下降反而

冰箱和冷柜属于耐用消费品，也就说它们不会一用就没，不像装在里头的食物和饮料一样。

75

让穷人有更多可支配的收入，穷人相应地也就能买更好吃的食物，面包的需求量反而会减少。

吉芬商品不应与另一种价格上涨而需求增加的高价奢侈商品混淆。在后一种情况下，比如购买一辆昂贵的高性能车，消费行为本身就是财富和地位的重要象征。商品价格越高，买家购买后所获得的地位就越高。在《有闲阶级论》(*The Theory of the Leisure Class*)一书中，索尔斯坦·凡勃伦（Thorstein Veblen）称这种行为为"炫耀性消费"。

国内生产总值和国民生产总值

国内生产总值（GDP）是在一段时间内在一国国境内生产的所有最终商品和服务的价值总和。国民生产总值（GNP）则是衡量一个经济体中所有组织和公民（包括位于海外的组织和公民）在一段时间内生产的全部最终商品和服务的价值总和。

GNP可以认为是GDP加上位于海外的净财产收入。美国的一些公民和组织在其他国家拥有公司和土地，有些则向海外的机构或个人提供了贷款。这些资产获得的利润、租金、分红和利息都会被带回美国，所以也算美国收入的一部分。美国海外的净财产收入等于海外获得的收入减去美国支付给在美国拥有资产的外国人的费用。

因此，对于一家像通用汽车这样的跨国公司，它在欧洲的一家分公司获得的利润不会被计入美国的GDP，因为这家公司位于美国以外；但这些利润却会被计入美国的GNP，因为这些是美国公司在海外获得的收入。从另一面看，一家欧洲公司在美国的分公司的利润会被计入美国的GDP，却不能被算入美国的GNP。

计算GDP有三种不同的方式。第一种是将市场价值加总，也就是将所有国内生产的最终商品和服务的市场价格相加。第二种则是计算售出产出时的总开支。这包括家庭开支（消费）、企业开支（资本商品的投资和支付给劳动力的工资等）、政府开支和净出口（出口减进口）。第三种方式是将经济体中每一个人的收入之和等同于GDP。这种方式会算上用于生产要素（土地、劳动力和资本）的所有款项，包括租金、工资、利息和利润。衡量国内生产的商品的价值、衡量购买产出的开支，以及衡量生产要素获得的收入，以上这三种

经济理论

方式得出的结果必须是一样的。

经济体检

GDP 被用来衡量经济的健康程度。经济学家和统计学家会通过收集和发布每季度的数据计算出 GDP。当实际 GDP 连续两个季度以上下跌，经济就进入了衰退期。GDP 增速放缓是很多经济体都会担心的一个信号，除非经济体目前的主要目标是控制通货膨胀。

在20世纪90年代早期，美国商务部开始和世界上的其他国家一样，将 GDP 而非 GNP 作为衡量美国经济发展状况的指标。GDP 如今已经成为衡量美国经济健康状况的标准指标。

美国苹果公司在中国香港生产的商品价值应被算作美国国民生产总值而非美国国内生产总值的一部分。

增长和发展

衡量一国经济健康状况的方式有很多种，其中最重要的就是经济增长率，也就是人均产出的增长情况。发展情况则是一种更加复杂的衡量手段，指的是生活水平的持续改善。增长和发展往往是通过提高土地、劳动力、资本、企业家精神和技术进步的数量和质量实现的。

农业可以通过技术发展实现增长，但同时需要应对与当地生态的破坏或水土流失相关的担忧。

产出增长的主要来源就是提高生产要素的数量和质量以及技术进步。生产要素是实体资本，包括工厂、设备和机器等人造的生产辅助设施；劳动力或者人力资源；以及土地，它不仅是我们熟知的土地本身，也包括像森林、矿产和水这样的自然资源。技术进步则是有助于商品和服务生产的创新和发明。

技术进步通常会出现在新式的资本设备中，

比如更强大的计算机和更节能的机械设备。这些更新换代提高了实体资本存量的平均质量。劳动力质量的提升则源于平均教育水平和健康水平的提高。对经济增长非常重要的一种劳动力素质就是企业家精神，这也就是能够发现并利用赢利机遇的能力。

用于生产的自然资源可以通过加大勘探力度、改进开采或捕鱼方式等来增加数量。不过自然资源的质量和数量也会因为污染和不当管理而降低。过度捕鱼会导致鱼群数量低到无法自然恢复的程度、森林砍伐则会带来水土流失。以破坏环境为代价的经济增长可能是不可持续的。

一国人口的增长等于新生人口和死亡人口的差值，加上移民进入该国的人口减去移民去其他国家的人。一国就业劳动率的增长则取决于劳动年龄的人口数量的增加以及经济的整体健康状况，因为这决定了就业率。

当劳动力的平均产出增加，也就是每一个劳动力产出的商品或服务的平均数量增加时，经济就会实现增长。同时，当人口中的就业人口比例增加时，经济也会实现增长。劳动力平均产出的增长可能是由于教育和健康水平的改善而提高了劳动质量，也可能是因为实体资本的投入增加，比如机器与工人的比例增加。技术进步也可以增加每单位劳动力的产出，因为知识的进步可以在资源量固定的情况下提高产出。

增长率还取决于一个国家发展和适应新技术的能力。这里主要的关注点在于，该国经济对外国贸易和投资的开放程度，以及该国的经济-政治-法律环境，因为这些会鼓励或阻碍诸如企业家精神、竞争和资源有效利用等促进增长的因素。

增长是经济发展的必要不充分条件。也就是说，定义经济增长

增长和发展

的人均产出和收入的上升未必会带来发展，比如减少贫穷或人口健康和教育水平的普遍提高等。经济增长可能会带来收入和财富分配的集中，也就是说一小群非常富有的人可能会出现，但大部分人依然非常贫穷。此外，经济发展往往还涉及结构变化。历史上曾出现过农业经济向城市工业经济的大转型，并伴随着现代服务、基础设施的完善以及国际贸易的增加。

提高劳动力的计算机素养，是提升劳动力平均产出的一个重要因素。

经济发展并没有统一的衡量标准，不过联合国开发计划署（The United Nations Development Program）设计了人类发展指标（HDI），该指标以人口出生时的预期寿命、成人识字率、入学率和人均GDP（人均GDP是可以转换成美元表示的人均产出价值）来表明一个国家的相对进步。HDI旨在反映改善人类生活状况相对更加重要的方面。

81

收入分配

收入分配展示的是社会收入划分的方式。

在市场经济中,劳动力和资本等生产要素的供需决定了工人的工资和资本所有者从投资中获得的回报。在这种情况下,决定收入分配的是市场。

自由市场往往会导致收入不平等,而这不管对公众还是政府而言都是很有争议的问题。许多人认为收入分配不应仅仅由市场力量决定,政府应该保证分配更加公平。但也有人认为,这样的干预会让人们缺乏努力工作和创新的动力。

表2中展示了1993年美国按照五分法(将人口划分成五等分)划分各层级家庭收入占比的情况。最低的五分之一代表的是最贫穷的20%的家庭,上一级的则代表较贫穷的20%的家庭,最高的五分之一则代表最富裕的家庭。1993年,最富裕的五分之一人口的收入占到了总收入的46.2%,而最贫穷的一部分人口收入仅占4.2%。表中还展示了累计收入占比,比如最贫穷的60%人口总收入占比仅为30.2%,这是五等分中排在第五、第四和第三的位置上的所有家庭的收入的总和。

收入分配通常是通过洛伦兹曲线

表2 1993年美国收入分配情况

五分位	收入百分比（%）	收入累计百分比（%）
80%~100%	4.2	4.2
60%~80%	10.1	14.3
40%~60%	15.9	30.2
20%~40%	23.6	53.8
前20%	46.2	100.0

（Lorenz curve）来反映的。图19中的洛伦兹曲线是根据表2中的数据绘制的。不同家庭的数量占比在横轴上表示，而这些家庭的累计收入占比则在纵轴上表示。

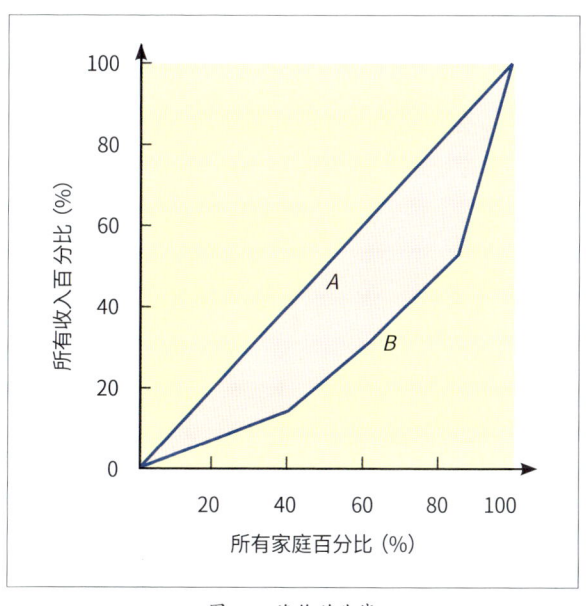

图19　洛伦兹曲线

在1993年由于最底层的20%人口仅获得了总收入的4.2%，我们就在图上画出这个点。而对于最底层的40%人口，他们的收入比例是14.3%，我们也依此画出对应的点，以此类推。因为100%的人口对应的累计收入肯定也是100%。所以将所有这些点相连就得到了洛伦兹曲线（B）。如果收入在全体人口中是平均分配的，那这条曲线就会是与横纵轴等距的45度角的直线。这条线（A）被称为收入平等线，在这条线上，10%的人口的收入占比是10%，20%的人口的收入占比是20%，以此类推。实际的洛伦兹曲线越贴近收入平等线，这说明收入分配就越平等；如果越偏离就越不平等。

经济理论

通货膨胀和通货紧缩

通货膨胀指的是平均物价水平的持续上涨。当通货膨胀出现时，一美元的购买力与一年前相比会更低，也就是你今天拿一美元能买到的东西比一年前能买到的东西会更少。当通货紧缩出现时，相反的情况则会发生，即平均物价水平持续下跌。

通货膨胀或通货紧缩常常是用消费者物价指数（CPI）来衡量的。

自20世纪70年代起，经济政策的一大目标就是抑制通货膨胀。政府通常认为只有通货膨胀得到了控制，经济增长和低失业率这样的经济目标才可能成功实现。

货币的购买力就是货币能买到的东西。假如一个经济体只有一种商品（面包），每块卖1美元，你用2美元就可以买到两块面包；第二年面包的价格涨到每一块2美元，这时你的2美元就只能买到一块面包。也就是说，物价上涨会导致购买力下降。

20世纪20年的德国经历了可怕的恶性通货膨胀。当状况最糟糕时，买一块像面包这样简单的主食都需要一手推车的马克。

不过如果你的收入增长和通货膨胀率一致，你的购买力就会保持不变。如果你的收入是之前的两倍，那即便面包价格翻了一番，这对你也无关紧要。不过，如果你的收入没有增长，或者增长速度跑不过物价上涨的速度，通货膨胀显然就是一个问题了。

通货膨胀也会损害到储蓄。如果通货膨胀率超过了利率，人们的储蓄收益就会减少，甚至储蓄本身会贬值。这会降低人们储蓄的意愿。

通货膨胀还会带来国际范围的影响。高通货膨胀意味着该国的出口商品在海外市场变得相对昂贵，而国内高企的物价又会吸引来更廉价的进口商品。这样一来，该国的国际收支就会出现逆差，因为进口超过了出口。

通货膨胀的一种极端形式是恶性通货膨胀，即物价在一年内可能会上涨1000%或更多。这种情况在20世纪90年代的俄罗斯就出现过，当时价格本身已经没有意义了，因为整个价格体系都已经崩溃了。那时俄罗斯境内的很多交易都是以美元结算的，因为人们并不相信俄罗斯货币卢布能维持其价值。类似的情况也发生在了前南斯拉夫，战争导致了恶性通货膨胀，而其后果之一就是在去咖啡馆的时候，人们都尽量会在进门时买单，因为当他们离开咖啡馆的时候，物价可能又上涨了。

经济学家们对通货膨胀的解释都各不相同。比如信奉凯恩斯主义的经济学家认为通货膨胀主要有两种类型：成本推动型通货膨胀和需求拉动型通货膨胀。

成本推动型通货膨胀指的是不断上涨的生产成本导致了一般价格水平的持续上涨。这种成本的上升让公司不得不提高自己产品的价格以避免损失。有些经济学家认为，美国在20世纪70年代面临的

经济理论

高通货膨胀率主要是由于石油价格上涨导致的。石油对于很多产品的生产都是非常重要的，石油价格上涨会对整个经济的价格产生影响。

有些经济学家认为，成本推动型通货膨胀主要是由于工会要求的薪资增长的水平超过了劳动生产率的增长水平。另一方面，拥有一定垄断能力的公司也可能让价格上涨的幅度超过成本的增长幅度，从而获得更高的利润率。

需求拉动型通货膨胀则是在需求超过了经济体生产商品和服务的能力时发生的。当需求增加而供给量保持不变时，物价就会上涨。当经济体的生产能力接近满载时这种情况就可能出现，这时的经济体可能接近充分就业，或缺

在1973年的石油危机中，美国的石油价格上升过快，加油站甚至一度无法准确报出一桶油的价格。

乏剩余资本，又或者无法进一步扩大供给来满足需求。

货币主义者则认为，高通货膨胀是在货币供给快速增长时出现的。这种增长可能发生在政府想要支出得比税收和借款更多的时候。在这种情况下，政府只能发行更多的货币。当货币供给增长超过了需求的增长，政府开支就会增加，物价也就会随之增长。

经济学家们对通货膨胀的起因意见不一，对应对通货膨胀最佳的手段自然也没有一致看法。如果通货膨胀是由于货币过度增发导致的，那货币供给的增长率就应该被降低，以减少货币量。凯恩斯主义的经济学家认为，货币供给是很难控制的，而通过增加公共部门的政府开支或减税来影响总需求是应对通货膨胀更好的办法。

通货紧缩

通货紧缩，也即物价水平的下跌，往往与失业率高涨和国内产出的下降密切相关。通货紧缩往往是由于增加税收或利用利率影响货币需求以试图控制货币供给的政府政策导致的。

部分经济学家认为，全球经济的生产过剩，即商品和服务的供给已经远超需求。他们相信，这会最终导致世界性的通货紧缩。消费者会从物价下降中获利，但公司会发现赢利变难，于是物价下跌和利率上升的衰退性循环就可能难以控制。

经济理论

知识产权

　　知识产权和土地、房屋之类的不动产是不一样的，因为知识产权是无形的，是个人思想的产物。知识产权是发明家、艺术家、作家、音乐家和企业家的创意性作品，比如发明、画作、书籍、音乐和计算机程序等。

　　知识产权为一本书或一张光盘增加的价值可能远超印刷或刻录和发行它的成本。作家、音乐家和发明家的创造性努力需要得到保护，这样其他人就不能剽窃他们的创意并从中牟利。专利、版权和商标是最常用的一些保护手段。

　　专利是由政府颁发的法律文件，授予产品或服务的发明者专有权。专利保障了一个新产品的初始研发成本投入，因为如果其他个人或公司想要制造或使用原创发明，他们需要向发明者支付一笔授权费或者版税。

　　版权是用来保护作家、艺术家和音乐家的

当享有版权的音乐家们的作品在电台播放或被其他艺术家翻唱时，他们就能赚钱。

表演权和录制权的。版权保护可以防止他人剽窃一部文学或音乐作品，并让这个人能够为自己及其继承人赚取版税。一些国际经济协议已经明确规定了打击盗取版权的规则，包括未经许可录制现场表演与将电影复刻用于商业用途等。

商标和品牌有助于制造商保护他们有关产品质量的名声。比如，如果一家生产牛仔裤的企业不仅在设计上仿效李维斯，而且在自己的产品上贴上了李维斯的商标，这种做法就是违法的。商标的一些重要作用包括：防止其他公司盗用自己的商标、帮助消费者辨识不同的商品，以及合法地要求其他公司的商标有所差异或是对商标使用收取授权费。

新创意也可以通过特许权协议得到保护。特许是指个人或是公司通过支付一笔叫作版税的费用（通常是产品价格的一定比例），获得某个商标、标识或独特的产品包装的使用权。授权产品行业在20世纪90年代出现了惊人的发展，很多公司都开始生产各种衍生产品，比如电视剧或电影中的人物的周边等。在这种情况下，大热的电影和电视节目本身就相当于给这些产品做了宣传、打了广告。比如迪士尼在制作了一部电影后，就会给生产商授权，允许他们以电影中的人物为原型生产相关的玩具、书籍和胶带等。这类授权往往是短期的，而迪士尼则会收到相应的版税作为回报。

利率

利息是提供贷款获得的一笔金钱回报。利率是指支付的利息金额与贷款规模的比例。利率通常是按照每年一定的百分比表示的，代表了借贷的成本。

利率是由货币的供需关系决定的。利率对每个人都很重要，因为它决定了个人或企业从银行贷款的成本、房屋抵押贷款的成本，或是储蓄账户的收益。

美国的货币供给是由中央银行，也就是美联储（Fed）控制的，它会确定经济中货币供应量。货币供给在图20中是用 Q^{MS} 这条垂直的线表示的，它与当前的利率和收入无关。但货币需求则是依赖于利率和收入情况的：当收入提高时，货币需求量就会增加；或当借贷成本降低，也就是利率降低时，货币需求量也会增加。货币需求可以用一条从左到右向下倾斜的线表示，这表明利率是持有现金而不选择其他计息资产的机会成本。

当货币供给与货币需求相等时，均衡就实

很少有人能用现金购买他们想买的所有东西，所以很多人都会选择贷款。而贷款需要他们按照固定利率支付利息。

现了。如果利率超过或低于均衡利率，人们就会调整对债券等计息资产的数量。

假如当前的利率是 i_0（如图20）。此时货币需求量超过了货币供给量，人们就会通过减少计息资产来增加他们的货币持有量；这样一来债券的供给就会过剩，这又会迫使债券发行者变回提高利率以吸引买家。利率会不断上涨，这种情况会持续到货币市场达到均衡时。类似地，当利率高于均衡水平时，过剩的货币供给也会让利率回落到均衡水平。

经济学家会区分名义利率和实际利率。假如你在银行存入了100美元，银行每年按照10%的名义利率付你利息。在这一年中，物价上涨了5%，所以每一美元能买到的商品也就减少了5%。到年末的时候，你的储蓄增长到了110美元。不过你的购买力实际只增长了5%，也就是105美元。实际利率实际上就是名义利率和通货膨胀率的差值。

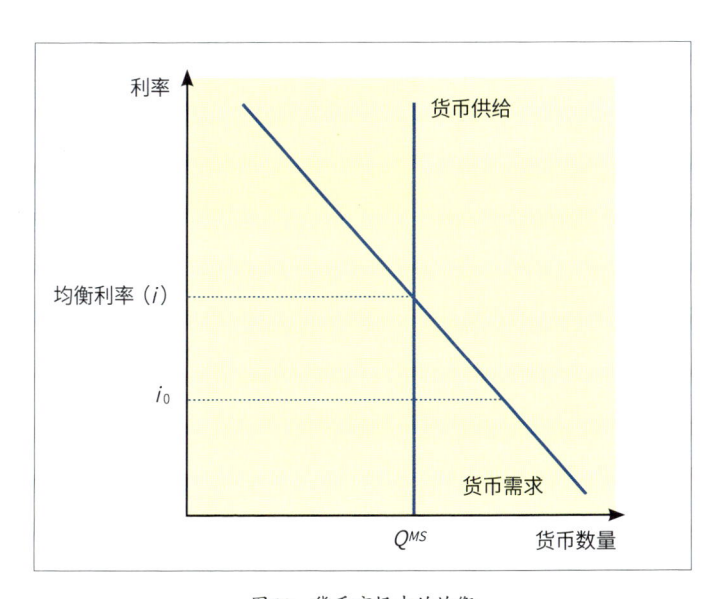

图20 货币市场中的均衡

经济理论

国际债务

国际债务是一国政府欠另一国政府或银行，或是欠世界银行、国际货币基金组织（IMF）之类的国际金融机构的债务。

许多发展中国家如巴西、印度尼西亚和坦桑尼亚都欠美国、英国和日本这样的发达国家政府或这些国家的银行大量债务。

传统的经济发展理论认为，一国增加其商品和服务产出的方式是通过投资和增加资本存量。在20世纪70年代，许多发展中国家主要从发达国家的银行和机构借款，以便为投资提供资金，这就像公司向银行借贷谋求扩张一样。不过在20世纪80年代，许多负债的发展中国家都发现它们已经无力偿还贷款了。比如在1989年年底，巴西的海外债务已经达到1113亿美元，而墨西哥的则达到了956亿美元。这两国的债务量都已是它们各自每年向海外出口的商品和服务价值的数倍之多。

这些发展中国家会陷入这样的境地，其背

世界经济的一大反常现象是，许多国家虽然坐拥丰饶的自然资源却依然极度贫穷。

后有几点原因。首先，它们借来资金中的大部分都被用在了糟糕的投资或项目上，而其中许多项目都是借款方力推的。这些项目产生的收益并不足以偿还贷款本身。

其次，随着美元的走强，借贷成本在20世纪80年代也水涨船高。由于大部分贷款都是用美元发放的，债务国发现，它们要出口更多数量的商品和服务才能换回相同数量的美元。与此同时，全球范围内的利率也在攀升，这进一步加剧了还款难度。

最后，部分用于资本投资目的的借款却被军事政权用在了国防上，还有部分借款则被政府官员侵吞了。

现今，很多发展中国家需要偿还的利息数额已经超过了它们目前通过投资、新贷款或海外援助获得的资金总和。

经济理论

凯恩斯主义

凯恩斯主义的经济学家认为，政府应当对经济进行直接干预，保证总需求充足，从而可以在通货膨胀可控的情况下确保充分就业的实现。

凯恩斯主义作为一个概念出现在1936年凯恩斯出版的《就业、利息和货币通论》（*The General Theory of Employment, Interest, and Money*，以下简称《通论》）之后。这部作品是在大萧条的背景下写成的。在整个20世纪30年代，失业率一直都居高不下，在英国和美国，失业率甚至有时超过20%。

在此之前，主导经济学界的是古典理论，它认为市场总会处于均衡状态。

随着大萧条持续，这一理论也变得越来越岌岌可危，而凯恩斯提出的市场失灵概念却越来越为人们所接受。

凯恩斯认为，政府应该干预经济以管理需求。在第二次世界大战期间，美国价格管理局介入控制了包括肉类在内的许多食品的价格。

《通论》的关键前提

凯恩斯的《通论》是建立在几个崭新的想法和对数据全新的解读之上的，其中最重要的是价格黏性、总产出、货币需求、需求管理和动物本能等概念。

价格黏性

凯恩斯发现，市场可能失灵，也确实会失灵。由于价格（尤其是工资）缺乏灵活性或黏性，也就是它们抵制了市场出清所需要的下降，市场就不会达到均衡状态，这也就意味着非自愿性失业会出现，消费也会低于经济的潜在产出。因为消费者价格也不能灵活变动——这主要是由于潜在的劳动力成本，所以经济整体就会处于不均衡状态，总供给会超过总需求。

总产出的确定

凯恩斯认为，经济的总产出是由总需求而非总供给决定的。供给侧的因素，比如相对高昂的生产成本、资源的稀缺性和落后的技术会限制潜在的产出量，但市场失灵的发生却意味着这样的潜在产出量并不总是能实现的。这种观点是与古典理论相悖的，也就是说，古典理论认为价格会不断调整，保证需求一直与供给相等。

货币需求

凯恩斯声称，对货币的需求是由三大动力驱动的：携带货币满足特定的计划开支；持有货币以应对未知事件；持有货币（因其风险较小）作为其他投资资产的替代品。

需求管理

基于以上的观察和理论，凯恩斯呼吁政府应该直接干预经济，以保证总需求足以确保充分就业，而这就需要实施积极的财政政策，也就是操纵税收和政府开支。在就业不足的时期，政府开支应该大于税收，从而刺激总需求。反之，在通货膨胀期间，税收应该超过开支，以防止经济过热。这也被称为财政稳定，或是凯恩斯主义需求管理。

动物本能

在失业率高企的时期，凯恩斯认为，他称为"动物本能"的现象有助于经济复苏。

他认为，基于商业周期存在的事实，在任何衰退的某些节点，相信经济已经触底因此转折马上要到来的观点会得到传播。这会提振信心，从而刺激新的投资和更多的消费。一旦在经济体中有足够多的消费者和投资者恢复了信心，他们的行为就会提升总需求，从而让他们所希冀出现的复苏得以实现。

挤出效应

古典经济学理论认为，凯恩斯主义的需求管理会因为存在所谓的"挤出效应"而无法奏效。

任何财政刺激都会带来人们可支配收入的增加。图21中的IS代表的是所有总需求等于总供给时的收入水平和利率的所有组合。收入的增加会让IS向外移动到IS*，因为在任何给定的利率下，总需求都更高。因为货币的需求来自（或至少是部分来自）对商品的需求，可支配收入的增加就会带来对货币需求的增加。

凯恩斯主义

图21中的LM曲线代表的是在货币市场处于均衡，货币供应等于货币需求时所有的收入水平和利率的组合。古典经济学家认为，在短期内，货币供给量是固定的。所以LM曲线是完全无弹性的，也就因而是垂直的一条线。货币需求的任何增加都会让利率从r变为r^*。

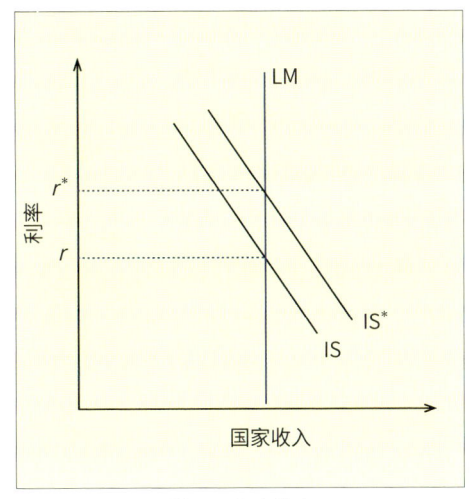

图21 挤出效应

总需求或消费，最初会增加。不过随着利率上涨、投资下降，总需求又会被推低。正是因为这样的事件发生的顺序，国内收入的增加最终都会被"挤出"。

凯恩斯模型

凯恩斯对古典经济学中货币供给是固定的观点提出了质疑。他声称储蓄和投资不是由利率决定的。他认为储蓄是由个人收入水平决定的，而投资则是由利润决定的。因此财政刺激会增加总需求，也就会通过其对储蓄和投资的影响增加货币供给。

因为货币供给的改变是与利率无关的，图22中LM这条曲线是完全弹性的，所以在图中表现为水平。IS曲线向外移动到IS^*没有对利率产生任何影响。而投资不变，因此国家收入在财政刺激下也从Y增加到了Y^*。

以上描绘的场景是两种极端的可能性。在实际生活里，经济中出现的挤出的真实程度可能介于这两者之间。

在20世纪30年代和70年代，将需求管理作为一种经济政策工具使用成了一种风尚。第二次世界大战前和整个第二次世界大战期间在军备重整上的大量开支为正在努力摆脱大萧条的经济体提供了急需的提振。这对将需求管理确立为实现充分就业的现实方式是至关重要的。

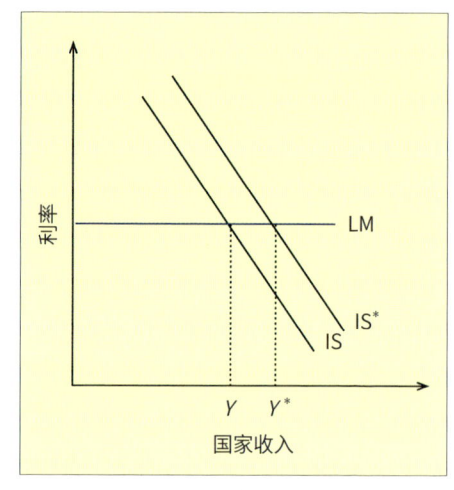

图22 对总需求的财政刺激

凯恩斯认为政府积极的需求管理可以在衰退期间提振经济活动或在繁荣期让市场降温，从而减少商业周期带来的破坏效应。

凯恩斯主义的衰落

第二次世界大战后的很长一段时间，各国政府都在积极推行稳定政策。不过随着繁荣和衰退变得越发激烈，更极端的修正措施也就必不可少了。有部分经济学家开始认为，正是稳定性政策让下一次的衰退和繁荣更加严重。其他人则认为，越南战争和20世纪70年代的石油危机等对国际经济造成了重大冲击才是真正的罪魁祸首。全球的经济都在高通货膨胀和高失业率的双重打击下蹒跚前行。

财政稳定政策的目的是保证总需求充足，从而在不让通货膨胀失控的前提下实现充分就业。但随着形势恶化，许多西方经济体不仅无法实现充分就业，同时通货膨胀率也开始飙升。也因此，从20世纪70年代开始，很多人认为凯恩斯主义失效了，该理论也因此越来越不受欢迎。

经济理论

劳动

劳动被定义为生产过程中的人力投入。劳动是用于生产商品、服务、土地和资本的关键生产要素之一。不过劳动并不是单纯的经济因素,工人与雇主的关系、工作条件以及工资情况等在政治层面和社会层面都具有非常重要的意义。

经济学家将很多术语与劳动结合在一起。劳动需求是指一家公司在一段时间内(如一周内)希望以不同工资水平招聘到的具有特定技能水平的工人数量。这里的工资水平就是劳动力的价格。一家公司对劳动的需求就像一个学生对比萨的需求一样,价格越低,需求量就越大。在其他条件不变的情况下,一家公司会希望以尽可能低的工资招聘到尽可能多的工人。如果工资上涨,公司能雇用的人就会减少。所以工资和公司招募的劳动力数量之间是呈反比关系的。

随着电子行业等新行业的兴起,很多人的劳动性质改变了,但劳动力市场依然是由供需关系决定的。

均衡工资水平

均衡工资水平是在劳动力的供需相等时达到的。表3展示了电脑操作员的均衡工资水平是每小时10美元。当工资超过这一水平时,劳动者提供的劳动数量会超过公司所需,劳动力过剩也就会出现。比如当工资达到每小时12美元时,300小时得不到雇用的过剩劳动每周就会出现。这样的情况会让工资重新下降到每小时10美元的均衡水平。而当工资低于10美元时,公司想要雇用的劳动超过了劳动者愿意提供的数量,这就会造成劳动力短缺,而工资也就会随之回升到10美元的水平,短缺现象也会消失。

表3 美国电脑操作员的均衡工资水表

时薪(美元)	公司每周需要的电脑操作员工作时长	每周电脑操作员所提供的工作时长	每周特定工资水平下劳动力市场的工资情况
8.00	1000	700	300小时劳动力短缺
9.00	900	750	150小时劳动力短缺
10.00	800	800	均衡工资
11.00	700	850	150小时过剩劳动
12.00	600	900	300小时过剩劳动

这种表格还可以绘制成一张图,展示不同工资水平下劳动力供需的情况。劳动力在不同劳动力市场的流动性也会影响到单一市场中的均衡工资水平。工人往往会选择到比现在工作的工资水平更高、工作条件更好的劳动力市场中去。不过当劳动力市场涌入了新的劳动者时,该市场的工资水平也就会出现下行压力。类似地,当一个市场出现劳动者外流时,工资水平也会有上升的压力。整体而言,劳动力的流动性会增加经济的整体产出,因为工人往往会选择那些自身生产力更高从而工资也更高的工作。

劳动供给则表明工人会在一段时间内在不同工资水平下向公司提供劳动的数量。正如任何其他商品的供给一样，工人拿到的工资，也就是劳动力的价格，和他们向市场提供的劳动数量之间是直接相关的。工资越高，工人愿意付出的劳动量就越多。这是因为不工作的机会成本会随着工资上涨而增加。当工资水平提高后，像看电视或踢足球这样的休闲娱乐活动就变得愈发奢侈了，如图23所示。

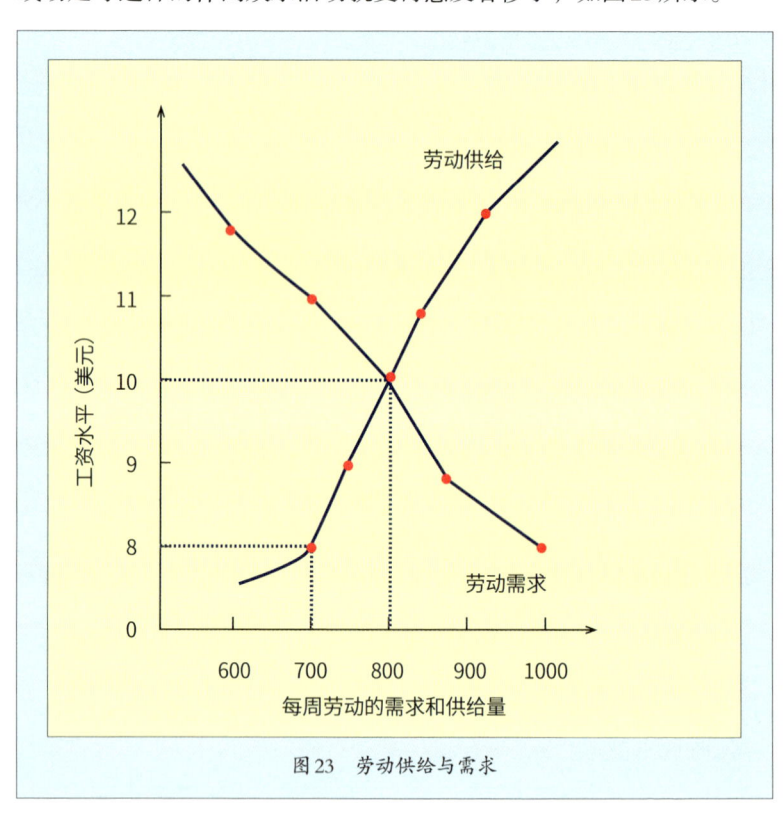

图23 劳动供给与需求

劳动力市场

　　劳动力市场是一种特定类型劳动的买卖双方相互作用的网络。雇用的劳动者数量和支付的工资正是通过市场中的相互作用确定的。劳动力市场可能是一个本地市场,比如一个小镇上有一家大型的用人单位,大家想找工作时都会去这家公司。但许多雇主同时也在寻寻找某种特定类型的劳动力,比如计算机操作员。在这种情况下,雇主之间的竞争会让工资上涨,寻找这类工作的人的数量也会增加。在一个完全竞争的劳动力市场中,任何雇主或工人都没有足够的实力影响到工资水平,这时的市场或均衡工资水平是由公司对劳动力的市场需求以及工人劳动力的市场供给之间的相互作用决定的。

　　人力资本是指劳动者所拥有的技能和受教育程度。人力资本的增加来自对教育和培训的投入。

经济理论

自由放任与古典经济学

"自由放任"是19世纪的法语术语,指政府的职责是保护财产权,保持货币稳定,并提供公共物品,所有其他商品和服务则完全由自由市场提供。古典经济学就是基于这种自由放任原则,认为自由市场是高效的,而政府的干预会导致经济效率低下。

自由放任的社会试图通过市场力量的自由发挥来解决基本的经济问题,如失业、通货膨胀,以及保持经济增长。而社会主义或计划经济则通过计划机制分配资源,并试图通过直接干预来处理经济问题。

资本主义政府试图根据自由市场或自由放任原则来管理国家。这种制度有一些基本特征:人民有权拥有房屋和土地,并有权从土地和房屋中获得收入,如租金。企业家可以自由地开办工厂,提供服务和销售产品。但在计划经济中,大多数此类交易由政府控制。

政府是倾向于自由市场经济,还是倾向于

20世纪80年代,玛格丽特·撒切尔和罗纳德·里根领导了自由市场政策的长期复兴。

凯恩斯主义，这都将对政府的经济政策产生影响。比如，一方面古典经济学家认为，失业和通货膨胀之间不存在长期的权衡。相反，失业将迫使工人接受更低的工资，从而扩大市场对劳动力的需求。或者以通货膨胀为例，与货币主义者一样，大多数古典经济学家都认为，政府可以通过减少货币供应量的增长来应对通货膨胀。

另一方面，凯恩斯主义经济学家认为，当失业情况出现时，政府需要干预以刺激经济中的需求，而且应避免通过减少货币供应的增长来降低通货膨胀的举措，因为这会导致更高的失业率。

然而，在20世纪70年代末和80年代初，许多西方经济体在遵循凯恩斯主义政策几十年后，同时面临着高失业率和高通货膨胀率。因此，古典经济学和自由放任经济学中受到干预较少的自由市场的方法开始受到欢迎，尤其是在美英两国。古典主义仍然是当今世界最具影响力的经济理论之一。

经济理论

土地与自然资源

在经济术语中，土地的含义不仅包括土地本身，还包括所有自然资源，如矿产、化石燃料、木材和水等。像劳动力和资本一样，土地是重要的生产要素，这意味着它被运用于经济商品和服务的生产中。

在土地、劳动力和资本中，土地是相对比较特殊的生产要素。原因在于劳动力和资本可在一段时间内被创造出来，而土地的数目大体保持不变。但是土地的质量和生产力可以通过使用资本或劳动力来提高。

石油是最有价值的土地资源之一，这不仅是因为其用途，还因为它是终将用尽的不可再生资源。

所有自然资源，即农业、矿产、能源和海洋，都是土地资源的一部分。其中一些资源是可再生的，如农作物、森林和鱼类资源。这意味着这些资源可以通过农业或自然繁衍过程产生或再生。如果农作物被收割，可在土地上种植新种子来生产新作物；如果森林被砍伐，新树木会在原来的地方生长。人们通常认为水是一种可再生资源，因为水循环确保雨水能够补充河流、湖泊和海洋。然而，归根结底，地球上水的总量是有限的，因此在某种程度上水也是不可再生的。

人们通常认为，铁矿石、沙砾、石灰石、煤炭、石油和天然气等资源是不可再生的。虽然金属、玻璃和其他由矿物制成的产品可以被回收，但地球上天然矿石的总量是有限的。如煤炭、石油和天然气等能源是在使用时被消耗掉的，而且明显是不可再生的。虽然这些能源是自然产生的物质，但它们的产生需要相当长的一段时间，因而它们的供应量实际上是有限的。当自然资源变得稀缺时，它们的价值通常会上升。

土地本身（即房地产）的价格或经济价值在很大程度上取决于它的位置和潜在用途。由于土地供应是相对固定的，某个特定位置的土地的潜在用途越多，土地的价值就越高。比如，纽约市中心的土地因其用途很多，因此价格非常昂贵。而撒哈拉沙漠中部的土地则没那么有价值，因为它几乎没什么用途。一方面，阿拉斯加苔原下石油储量的发现，从荒野中开拓出了宝贵的土地；另一方面，美国西部许多地区金银矿的枯竭，让这片曾经是该国最昂贵的地段变成了如今的"鬼城"。土地的价值和价格还可以通过交通便利或矿产和能源的发现而提高。水也可以使土地对农业或休闲来说更有价值，而水资源的枯竭通常也会降低土地的价值。

像其他经济资源的市场一样，土地和自然资源的市场是根据供求规律运行的。然而，政府也有能力通过分区条例和保护措施来控制土地的使用。地方、州和联邦法规也可能对土地的用途产生重大影响，从而影响土地本身的价值。

经济理论

宏观经济学

　　宏观经济理论研究的是经济作为一个整体的运行。经济学家对宏观经济的研究涉及总需求和总供给，即整个经济中商品和服务的需求与供应。或者，它可能涉及经济的总产出、总收入、总支出，以及价格水平的研究。

　　宏观经济学与微观经济学相对，后者关注的是经济的单个部分，如单个家庭、单个公司和孤立的市场。

　　通常，宏观经济学家旨在解释一个国家的产出、通货膨胀及就业水平。宏观经济学的研究非常重要，因为它可以说明一个经济体的运行状况。该国生产的商品和服务比去年或10年前多还是少？人们获得的实际收入增加了还是减少了？物价上涨得太快了吗？今年失业人数比去年多了还是少了？政府可以通过这些指标来判断其政策是否成功。

在2018年，委内瑞拉的超市货架在一轮恶性通货膨胀后空空如也。

为达到以上目的，政府可以参考几个衡量经济健康状况的表现指标。国内生产总值（GDP）是衡量国民收入和产出的主要指标。消费者物价指数（CPI）和失业率指数分别是衡量物价水平和失业人口比例的最常用指标。

著名理论

为了简化现实的世界经济，经济学家运用了多种不同的宏观经济理论，两个最著名的理论是古典经济理论和凯恩斯经济理论。

价格的变化将导致生产要素市场以及商品和服务市场走向均衡的理论是古典经济学的基础理论。因此，在古典经济学框架下，劳动力被充分雇用，资本存量得到充分利用。古典经济学观点主要用于描述宏观经济均衡点，即经济在长期内缓慢向这个均衡点移动。

而凯恩斯主义的主要原则是，在现代经济中，价格和工资不是完全灵活的。由于失业、经济萧条和通货膨胀问题的出现，国家不得不进行干预来帮助解决这些问题。凯恩斯主义的观点主要用于解释一个国家的产出和就业水平的波动。

边际分析

边际分析是用来考察生产过程中某个特定经济变量每增加或减少一个单位所带来的影响的。虽然它主要是一种理论方法，但也是企业评估其经济效益与成本的重要实用工具。

边际分析比较两个主要因素，边际成本和边际收益。边际成本是企业在短期内增加一单位产出而产生的相对于总成本的额外成本。边际收益是增加一单位产出而产生的相对于总收益的额外收益。边际收入是公司通过多销售一单位产品所获得的总收入的增加。资本的边际效率是额外投资一美元时的预期回报率或利润。

消费者边际效益的研究是基于效用的概念。效用是个人从购买商品或服务中获得的满足感。它的计量单位是尤特尔（utils）。边际效用递减规律表明，一个人在一定时间内消费某种特定产品的次数越多，从消费每一额外单位中所获得的满足感就会下降得越多。比如一个饥肠辘辘的人从吃冰激凌中会获得极大的满足感。然而，在同一餐中每吃一次冰激凌带来的满足感却会大大降低。

由于消费某个特定产品越多，满意度会越低，因此消费者希望为他们购买的每个额外产品或服务支付的费用更少。图24显示，绘制边际效用与消费的关系会产生一条向下倾斜的曲线。这也解释了为什么大多数产品的需求曲线也同样是向下倾斜的。

早期的经济学家认为，效用可以用具体的每个消费单位或尤特尔来衡量，就像用华氏度或摄氏度来测量温度一样。事实证明，这种方法无法对效用进行精确测量。于是，经济学家采用了一种以相对尺度来衡量满意度的方法。他们要求消费者根据他们从产品中

边际分析

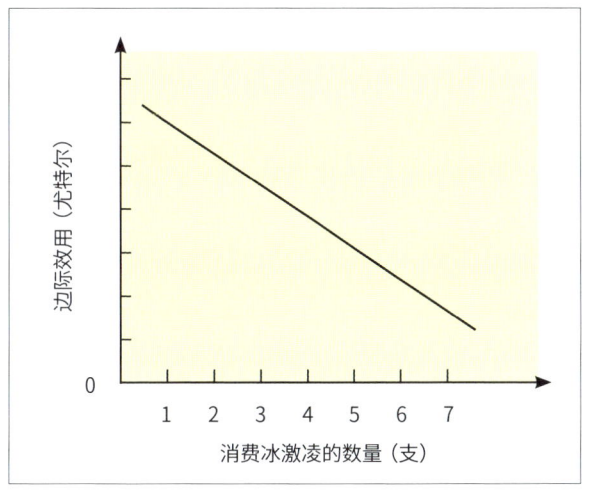

图24 边际效用

获得的满意度来对产品的偏好进行排序。

两种产品之间效用的度量可以直观地显示出来。如果你要求消费者将相同满意度的两种产品的所有组合列举出来并绘制成图表,你会得到一条向下倾斜的曲线。这条无差异曲线(如图25)描绘了对于消费者而言"无差异"的产品组合。无论消费者吃更多还是更少的三明治或冰激凌,他或她得到的总体满意度都是相同的。

无差异曲线之所以向下倾斜,是因为理性的消费者自然希望两种产品越多越好。因此,除

边际分析基于边际效用的概念。第一支或前两支冰激凌会给人们带来很大的满足感,但每多吃一个冰激凌,这种满足感就会降低。

111

经济理论

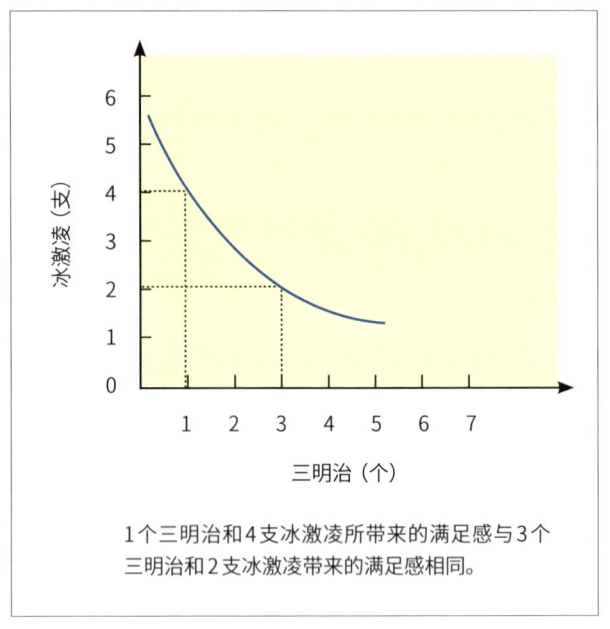

```
   6
   5
冰 4
激
凌 3
（支）
   2
   1
   0
      1  2  3  4  5  6  7
           三明治（个）
```

1个三明治和4支冰激凌所带来的满足感与3个三明治和2支冰激凌带来的满足感相同。

图25 无差异曲线

非他们获得的一种产品更多，否则他们不会放弃更多的另一种产品。基于这个假设我们可以分析产品相对价格的变化对需求量的影响。

供求规律意味着价格将向供给等于需求时的均衡点移动。当市场上的实际价格低于消费者愿意支付的价格时，消费者会获得额外的满足感。消费者获得的这种额外效用被称为消费者剩余。

需求曲线为何向下倾斜还可以用收入和替代效应来解释。一方面，当一件商品的价格下降时，通常需求就会提高。当消费者有10美元收入而冰激凌售价1美元时，他们可以买到10支冰激凌。如果冰激凌的价格下降到50美分，那么消费者就有了"额外"的5美元可以花在冰激凌或其他物品上。这就是所谓的收入效应。另一方面，当冰激凌与其他价格没有发生变化的商品相比，冰激凌变得更加便宜，因此具有相对吸引力，这时替代效应就产生了。此时，消费者更愿意用冰激凌去替代他们预算中相对昂贵的其他产品。

　　一种产品的价格是由它的相对稀缺性而不是实际用途决定的。比如，水比钻石更加有用，水的总效用要大得多。但是由于水资源丰富，它的边际效用和价格都很低。相比之下，钻石的总效用很低，但由于钻石稀有，其边际效用和价格都很高。

市场失灵与反竞争行为

市场失灵描述了经济中存在的缺陷。这些缺陷阻碍了商品、服务和资源的生产、消费以及配置的效率。

在过去的几十年里，市场和市场机制在许多西方国家中的重要性日渐提高。部分经济学家和政治家认为，一个完美的自由市场将自动实现最大的效率。然而，即使在市场优势得到自由发挥的情况下，市场也从来都不是完美的。在某些情况下，市场会失灵。

市场之所以失灵，是因为市场无法考虑污染等外部性因素。大多数司机很少会考虑他们在城市中开车制造的尾气给他人带来的健康成本。

不完全竞争

完全竞争的条件是极其苛刻的。比如，市场中必须存在很多买方和卖方，因而市场力量就不能集中。买卖双方也应当具备完善的信息，生产者进入或退出市场的障碍很小等。另外，要素市场（土地、劳动力和资本市场）也必须是完全竞争的。

实际上，这些条件很少能够得到满足，市场经济中的市场力量往往非常集中。比如，多年来，美国电话电报公司（AT&T）是美国唯一一家长途电话运营商，柯达控制了胶卷市场。近年来，微软已经控制了个人电脑操作系统 Windows 的市场。可口可乐和百事可乐一直在软饮市场中占据主导地位，生产着相似却又不完全相同的产品。

竞争有限的市场可以分为三类。如果一家公司是某种产品的唯一供应商，并且该产品没有相近的替代品，那么该公司就具有垄断力量。与拥有大量小型公司且高度竞争的行业相比，这种垄断力量会导致更高的价格和更少的产量。在要素市场中，垄断卖方以工会等形式存在。同时，在市场中垄断买方也可能存在，如政府。

大多数商品市场都是寡头垄断的，这意味着这些市场仅由少数生产类似产品的公司主导。比如，美国的汽车市场就是寡头垄断的。世界原油市场也是如此，十几个石油生产国控制了世界原油市场。由于寡头垄断市场只包含少数几家公司，任何一家公司的行为都可能影响其他公司的利润。企业决策的互相依赖性是寡头垄断的特征。这一特征是由两个方面共同决定的：一方面是公司潜在自身利益的矛盾冲突，另一方面是与其他供应商合作以维持寡头垄断的局面。

有时，为了实现共同利润的最大化，几家公司会聚在一起，就生产数量和定价达成一致。市场中这种公司间的协议被称为串谋。而一群像垄断企业一样集体行动的企业组织被称为卡特尔（cartel）。美国反托拉斯法认定，大多数串谋和卡特尔是非法的，甚至禁止互相竞争的公司讨论定价。

此外，公司可能单独或合作起来阻止其他公司进入市场。这种做法被称为限制性行为，包括排他性交易、搭售、排他性市场等。

外部性

根据市场理论，价格和利润应该准确地反映生产者和消费者的成本和收益，从而使市场机制有效地配置资源。然而在现实中，价格和利润可能非常具有误导性，这是市场失灵的另一种例证。

假设公司 A 和公司 B 是使用附近河流的水的无污染企业。他们在竞争激烈的市场中运营，而且目前生产的产品数量是社会需要的。假设公司 A 现在决定不再清理废料，而是将它们直接倾倒在河里。这种成本的降低意味着公司 A 可以以更低的价格出售更多的商品。位于下游的公司 B 的成本将会增加，因为它现在还需清理公司 A 造成的污染。结果，公司 B 将提高价格，售出更少的产品。在这种情况下，市场中存在的外部性（污染）会导致稀缺资源在两家公司之间的低效配置。包括美国在内的部分国家

教育是一种市场失灵的例子，因为学生对教育的需求只反映了教育对其个人的价值，而教育对整个社会带来的价值被市场忽略了。

通过罚款或其他限制措施将清理污染的成本转移回公司 A。

缺失的市场

出于各种原因，市场无法提供有些商品和服务或对其供应不足。由于市场失灵，国防和治安等公共产品需要由政府提供。医疗和教育等混合产品由于具有公共产品的一些特征，也会在市场机制下出现供给不足的情况。

例如，大学生对高等教育的需求表明了他们愿意为这种教育支付的价格。该价格将反映出学生认为教育对其的价值。然而，学生对高等教育的强烈要求并不包括教育对整个社会带来的额外好处，如产量的提高、更好的公民身份等。由于高等教育的竞争市场仅基于学生对教育的需求，因此教育的供应量将少于社会的期望。美国的公立大学会获得税收补贴以弥补其提供教育服务的实际成本与学生支付的学费之间的差额。这也鼓励大学提供更多的教育。

经济理论

重商主义

重商主义曾是一种拥有许多支持者的经济理论,并在17世纪和18世纪初被多个国家运用于实践。重商主义者的核心信条是:任何国家的财富和实力都取决于其拥有的贵金属数量。

由于人们认为,权力和财富取决于其拥有的黄金白银等贵金属的数量,因此建立贵金属的储备成为经济政策的主要目标。一个国家通常认为,要取得成功就必须依据重商主义的观点:国家越富裕,它就越有能力为战争和其他风险提供资金进而增强自己的实力。后来的经济学家们在很大程度上否定了这一理论,认为商业和制造业更能体现一个国家的财富。

在重商主义者看来,大量的黄金白银储备是一个国家经济繁荣和政治实力的基础。

重商主义理论认为,如果一个国家没有自己的黄金白银储备,该国应该努力通过贸易获得这些贵金属。这种情况只有在贸易"顺差"的情况下才会发生,这意味着该国的出口多于进口。进口的国家会用黄金和白银来支付,从而耗尽自己的贵金属储备,同时增加出口国的储备。因此,重商主义是一个高度竞争的制度:一个国家财富的增加必须要以牺牲其他国家的财富为代价。

重商主义将一个国家的实力与其贸易活动直接联系起来,因此政府试图创造一个利商的环境。许多国家通过了倡导节约的法令,禁止从国外进口奢侈食品、饮料甚至服装。该理论还鼓励建立海外殖民地,它可以为本国提供原材料,同时,也为用这些材料制成的商品提供了市场。为确保贸易差额对母国有利,殖民地禁止一切制造业,并且严格控制贸易。

根据重商主义理论,一个国家的人口越多,劳动力就越多,其潜在出口量就越高,那么财富就越多。因此,每个人都应该工作以增加产出。庞大的人口还为国内商品提供了巨大的市场,并提供充足的士兵,这在战争时代非常重要。重商主义者还提倡节俭,即尽量减少对进口奢侈品的需求,从而鼓励国家内部的资本积累。

在17世纪重商主义的全盛时期,这一理论的主要支持者有英国的托马斯·孟(Thomas Mun),法国的让-巴普蒂斯特·科尔伯特(Jean-Baptiste Colbert)和意大利的安东尼奥·塞拉(Antonio Serra)。然而,他们当时都没有使用"重商主义"这个词。这个词是由亚当·斯密在《国富论》中首次应用于他们的原则的。

由于重商主义强调利润的积累,它为资本主义的发展提供了有利的环境。但亚当·斯密和其他经济学家倡导无政府监管的自由贸易,他们并不认为黄金和白银的储备是衡量一个国家财富的准确指标。他们还认为,贸易不应该以牺牲一个国家为代价来增加另一个国家的财富,而应该使所有参与国受益。

经济理论

微观经济学

微观经济学是用来描述个体经济单位行为的术语，尤其是消费者和企业。这与宏观经济学形成鲜明对比。宏观经济学是对经济整体和总量的研究，如失业率和物价水平等。

在微观经济学中，对个人行为的经济分析主要关注消费者需求理论和时间偏好理论——何种价格是人们更喜欢即时消费而非延迟消费的。微观经济学对企业的经济分析主要涉及生产决策和价格理论。在分析企业时，经济学家通常关注企业经营所在的市场类型，以及该市

微观经济学试图解释个人和企业的行为——消费者需求如何随收入和价格的变化而变化，企业如何决定生产何种商品，收取何种价格等。

场的竞争程度。

为了对个人和公司的行为作出解释,经济学家确定了每个孤立市场的均衡情况。均衡是指只能由外部事件而改变的平衡状态。比如,在收入恒定的情况下,当个人不能通过消费不同于他们已经购买的商品和服务来获得更高水平的满足时,他们就处于均衡状态。微观经济学有几个维度,包括价格理论、一般均衡理论、博弈论和社会选择理论。

价格理论

价格理论的主要假设是,与整个市场的消费和生产相比,消费者和企业购买或销售的产品数量较少,因而无力影响任何产品的价格。相反,每种产品的均衡价格是由消费者(即产品的需求者)和企业(即产品的供应者)的集体行动决定的。

一般均衡理论

顾名思义,一般均衡理论着眼于经济中所有市场同时处于均衡状态的必要条件。该理论试图解释每种商品的价格以及交易量是多少。一般均衡理论可以回答三个重要问题:一般均衡是否存在?只有一种一般均衡吗?如果有因素扰乱了均衡,一般平衡是否会恢复?

博弈论

传统的微观经济学理论关注的是信息完备时做出的决策。博弈论关注的是信息不完备时如何选择。合作博弈论着眼于个体决策者如何协调策略以获得更好的结果。非合作博弈论关注一个决策者的行为如何影响其他决策者的行为。

社会选择理论

微观经济理论还关注非市场商品的生产决策,即不通过市场提供的商品和服务,例如国防。该理论还涉及群体决策,例如政府的选择。这两个问题对一个经济体的资源配置都有重要影响。

混合经济

混合经济是计划经济和自由市场经济的混合体。在这种经济中,一些商品和服务由自由市场部门生产,而另一些则由国家生产。

实际上,纯粹的自由市场经济和纯粹的计划经济是不存在的。一方面,如果一个经济体的大部分资源是通过计划机制分配的,那么它就被称为计划经济。另一方面,如果大多数资源是通过市场机制分配的,那么它就被称为自由市场经济。在混合经济中,计划和市场机制之间的平衡更加平等。

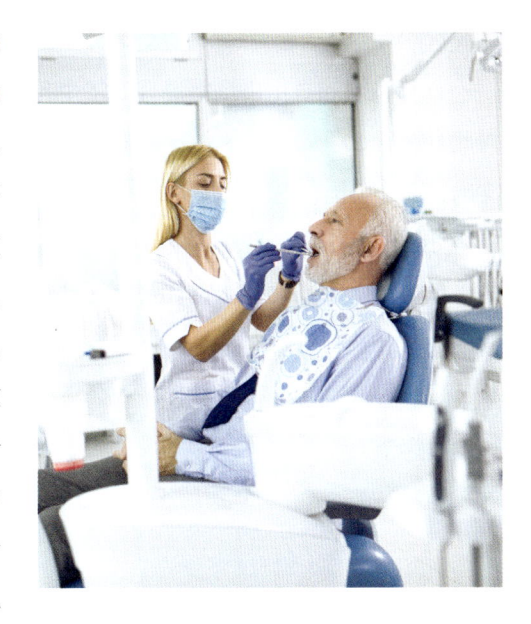

混合经济中的私营部门与自由市场经济中的私营部门非常相似。生产者、消费者、资本家、土地所有者和工人都以最大化自己的效用为目标,并纯粹由自身利益驱使。很大一部分生产要素(土地、劳动力、企业家精神和资本)都是私有的,而且商品和服务的私人生产者之间存在竞争。然而,公共部门也拥有一些生产

在混合经济中,牙科治疗服务作为国家医保计划的一部分,是由国家提供的商品或服务的典型案例。

要素,且更多考虑的是整个社会的福利。公共部门的资源是通过计划机制配置的,而不是通过竞争、供求和人们的支付能力配置的。

例如,在混合经济中,政府的作用之一是规范私营部门的经济活动,以防范反竞争的行为或外部性问题。政府的另一职能是提供公共产品(如法律和秩序)以及具有公共产品的部分特征的混合产品(如教育)。

计划机制和自由市场在混合经济中各自应占多大的比例,各国对此存在很大争议。在瑞典,大约60%的国内生产总值被用于公共支出,而在美国,这一比例约为33%。政府必须解决一些问题包括:在诸如失业救济和免费医保方面,政府应承担多少责任来确保公民的最低生活水平?政府能否有效地提供商品和服务,并满足人们所需的质量和选择?政府是否应该努力消除社会中最严重的不平等现象?高昂的政府支出和高税收是否会降低人们工作的积极性并降低经济增长率?

模型与建模

经济研究取决于创建模型的能力。模型不是世界的准确反映。相反，模型是为了简化真实世界，因为一个像现实世界一样复杂的模型太难被理解了。简化的模型有助于明确某一特定因素如何改变结果。这是通过比较静态分析实现的，即在保证所有其他因素不变的情况下，改变一个因素，另一个因素将如何变化。

数学模型

数学模型有两种形式：规范模型和实证模型。规范模型解决的是世界应该如何运作的问题，而实证模型试图解释世界实际上是如何运作的。许多数学模型都基于对经济结构的假设。考虑到这些假设，该模型试图寻找一个均衡点，即任何内部因素都不能产生变化的点。

不同的模型基于的假设非常广泛，其中一些假设可能是相互矛盾的，这是为了对假设进行论证并发现真理。然而，有一些常见假设会反复出现在数学模型中。

模型是真实世界的简化表征。这些模型试图回答诸如价格下降将如何导致多数商品和服务需求量增加的问题。

理性

基于最大化个人偏好的经济模型假设人们的偏好排序是理性的。这种假设由两部分组成的。第一部分为完整性，它要求个人能够根据偏好对所有可选择项目进行排序。例如，一个人必须能够做出以下判断之一："我对西葫芦的喜欢多于或等于对西蓝花的喜欢"或"我对西蓝花的喜欢多于或等于对西葫芦的喜欢"。

第二部分为传递性。如果这个人比起西蓝花更喜欢西葫芦，比起芦笋又更喜欢西蓝花，那么这个人也一定更喜欢西葫芦而不是芦笋。

其他条件不变

这个假设允许所有外部因素保持不变，而要研究的变量在发生变化。这允许在经济模型中进行比较静态分析。"Ceteris paribus"是一个拉丁词语，意思是"其他条件不变"。

完全竞争

该假设常被用在价格理论、一般均衡理论和一些宏观经济模型中。完全竞争要求企业小而多，而且所有公司都生产相同的商品。在满足这些先决条件的模型中，单个公司不能改变价格水平，因此它被称为价格接受者。

蛛网理论

基于相关假设，经济学家试图在模型中找到均衡点。找到均衡点的方法有很多，但其中最重要的一种被称为蛛网理论（Cobweb theory）。该理论由美国经济学家莫迪凯·埃泽基尔（Mordecai

Ezekiel）在20世纪30年代提出。该理论最初是基于一项对农民的研究——埃泽基尔表明，作为生产者的农民对价格变化的反应速度受到他们习惯的工作时间和范围的限制。比如，由于播种和收获的间隔很长，农民往往会沿用他们最后一次出售产品的价格。

如图26所示，蛛网理论可以回答如何在供需模型中达到均衡的问题。当均衡时，供给等于需求，假设价格高于均衡水平，在高价 P_0 下，生产者的供给量 Q_1 比均衡水平高。一旦生产了 Q_1 数量的商品，为了出售这些商品价格需要被降到低于均衡水平的 P_1。鉴于商品价格为 P_1，供应商选择将产量限制在低于均衡水平的数量，即 Q_2。这个过程一直持续到价格和数量在供给曲线和需求曲线的交点处会合时（即在价格为 P^*，数量为 Q^* 时）。在这一点上，价格和生产的数量都不需要改变。由于此时任何内部因素都不会发生变化，因此该点被称为均衡点。而且，它是一个稳定的均衡——换句话说，

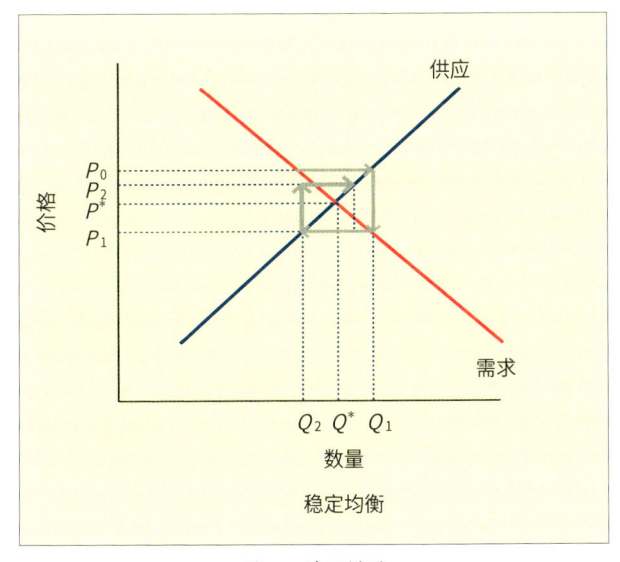

图26　蛛网模型

即使价格和数量其一或两者远离该均衡点，最终它们也会自然地向均衡点靠近。

在经济学中，均衡被描述为一种情况。在这种情况下决定某个变量行为的各种因素处于完美的平衡状态，因此它们不会施加压力来改变该变量。这是一种所有经济主体的行为相互一致的情况。例如，均衡价格会受到这一过程的影响：当供不应求时，供应商会受到驱动而提高价格，当供大于求时，供应商又会互相压低价格。因此，均衡机制调节了需求和供给。

计量经济模型

建立计量经济模型是为了解释世界的实际运行方式。经济学家们假设一些因素可能影响某一特定变量，并根据现实世界的数据对其进行检验。很多时候，计量经济模型是对先前制定的数学假设的半实际检验。

在此类模型中，正在被研究的变量称为因变量。因变量所依赖的因素称为自变量。比如，如果需求是因变量，价格则是自变量。为测试自变量产生的影响而收集的数据可以形成时间序列，可以是截面数据或部分面板数据。时间序列数据是由同一位置不同时间点获取的信息组成的。截面数据是同一时间多个位置收集的数据；面板数据是时间序列和截面数据的组合。通过寻找拟合数据线的最佳线性无偏估计，该模型体现了自变量对因变量的影响。

货币主义

货币主义是研究货币供应量的变化如何影响其他宏观经济变量（尤其是国民收入或国家产出水平）的理论。货币主义者认为，货币供应量的变化是平均价格水平变化的主要原因。

货币主义及其政策希望通过控制货币供应来稳定物价。在20世纪80年代早期，凯恩斯主义政策经历了失败后，货币主义及其政策变得尤为重要。许多经济体经历了多年的高通货膨胀和高失业率之后，政府开始寻找解决方案。正如美国经济学家米尔顿·弗里德曼（Milton Friedman）所阐述的那样，货币主义似乎指明了前进的方向。罗纳德·里根总统热情地接纳了这一理论。

经济中的货币数量会影响供给和需求、通货膨胀、银行和信贷。然而，货币主义者认为，从长远来看，货币供应量的变化只会影响价格，而不会影响总体产出水平。

在20世纪80年代，米尔顿·弗里德曼在对西方政府推行货币主义方面作了主要贡献。他主张严格控制货币供应，确保通货膨胀处于较低水平。

货币的需求

货币主义思想是建立在货币数量理论的基础之上的。该理论侧重于货币供应量的变化,公式为:

$MV=PY$

其中,$M=$ 货币供应量。

$V=$ 流通速度,即货币在经济中流通的速度,或每 1 美元被使用的次数。

$P=$ 最终产出的平均价格。

$Y=$ 实际最终产出量。

货币主义者认为,V 和 Y 是由价格水平和货币供应量以外的因素决定的。例如,一个国家可生产的商品和服务的总量 Y 取决于人们的技能和新技术的应用。货币主义者认为,M 的变化会导致 P 的变化,但 P 的变化不会导致 M 的变化。

弗里德曼认为,货币需求是国民收入的稳定函数。货币需求很重要,因为如果货币需求相对于收入是稳定的,那么流通速度必须是恒定的。

那么货币供应量的变化如何影响经济产出或国内生产总值(GDP)呢?货币主义者认为,如果货币供应量增加,人们在现有GDP水平上持有的货币余额就会增加。因此,随着人们释放多余资金,支出将会增加。随着需求的增加,产量和价格将会上升,直到人们把所有的钱都用来交易。换言之,GDP会一直上升,直到货币的供求恢复到均衡水平。

但 GDP 的增加可能仅包括实际产出(Y)的增加而价格(P)不变,或 P 的增加而 Y 不变,又或是两者的组合。货币主义者声称,短期内 GDP 将包括产出与价格的同时增长，但从长期来看产出水平是由资本存量、劳动力流动性和技术进步等制度因素决定的。这些因素不受货币供应量变化的影响。虽然这种变化可能会带来短期产出的变化，但从长期来看，产出将恢复均衡。因此，从长期角度，货币供应量的增长速度若超过产出增长率，这仅会带来价格的上涨。

货币的供给与需求

货币通常是指被个体普遍接受的用于支付商品、服务或清偿金融债务的任何物品。

货币的主要特征包括：易于识别、质量一致、易于分割，以及在一定地理范围内价值恒定。在现代经济中，人们普遍认为货币具有三种功能：

（i）货币是一种交换媒介——用于支付商品和服务；

（ii）货币是一种价值储藏手段——货币将保持其价值直到以后可以使用时；

（iii）货币是一种记账单位或价值衡量标准——它赋予商品和服务价值。

然而，正如著名诺贝尔经济学奖获得者约翰·希克斯（John Hicks）常说"货币理论已成为历史"，也就是说货币的性质在不同社会和不

信贷的可获得性是货币交易需求的重要组成部分。利率低，借贷则更便宜，从而增加了货币需求。

同时期会发生巨大变化。如何真正实现上述三个功能是一个争论激烈的话题。

像美联储等货币当局非常关心货币的定义是什么，因为这会影响政府的关键政策目标。实际上，美联储一直在根据其对货币的定义提供官方衡量标准。表4体现了美国目前的货币定义及其1997年的衡量标准。

表4 美国货币的定义（来源：1997年1月美联储公报）

名称	组成	金额（亿美元）
货币	流通中的硬币和纸币	4350
M_1	货币+活期存款，旅行支票，其他支票存款	11390
M_2	M_1+ 货币市场共同基金（MMMF）股票，货币市场存款账户（MMDSs），储蓄存款，小额定期存款（通知存款账户）	36930
M_3	M_2+ 回购协议（RPs），欧洲美元，大额定期存款，货币共同基金的机构持有量	44530
L	M_3+储蓄债券，银行承兑汇票，商业票据，短期国债	54590

一旦货币定义被确定后，经济学家就可以研究其供求关系。通过货币供需之间的相互作用，货币当局（这里指的是美联储）可以影响产出、就业和价格等政策目标。

货币需求

在美国，经济学家们非常关注货币需求的决定因素——人们持有货币的原因。因为如果知道什么决定人们持有货币的意愿度，经济学家就可以对货币数量（即货币供应量）变化与人们为此会作何反应之间的关系有一定的了解。传统上，对货币需求的分析分为三个部分：交易需求、预防性需求和投机性需求。

货币的交易需求与人们当前交易（即购买商品和服务）所需的货币数量有关。因此，它与人们的收入水平相关。预防性货币需求是指人们储存货币以防紧急情况。投机性货币需求是人们为了投机购买资产而持有的货币需求，如股票和债券等。

这三种需求共同构成货币的总需求。人们为进行这三项活动而持有的货币数量受收入水平和利率的影响。

图27中，Md 表示收入为 Y_0 时货币的总需求，而 Md_1 表示收入为 Y_1 时货币的总需求。当收入从 Y_0 增加到 Y_1 时，货币总需求从6000亿美元增加到8000亿美元。当利率从8%下降到7%时，货币总需求从

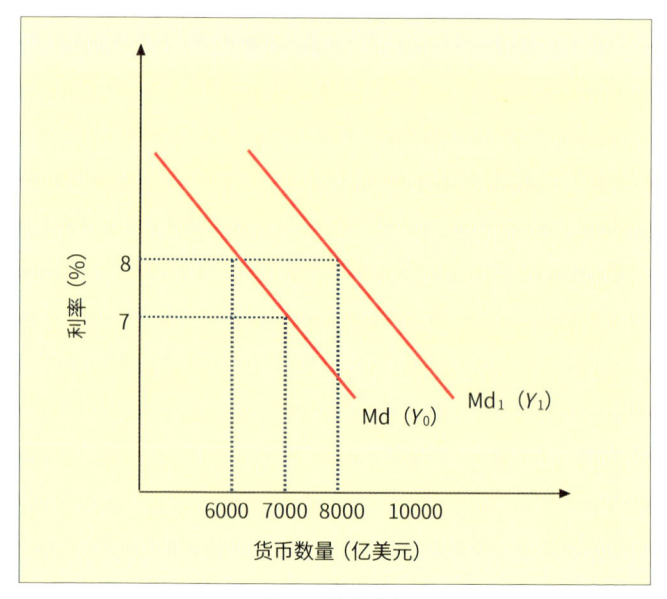

图27　货币需求

6000亿美元增加到7000亿美元,这是沿着现有 Md 曲线的运动。

然而,在任何时候个人实际持有的货币数量必须等于货币供给数量。货币市场的均衡要求货币需求等于货币供给。

货币市场需求

图28表示货币市场的均衡。美联储负责设定货币供应量水平,该水平与收入和利率无关。货币供应量 MS_0 在所有利率下都保持7000亿美元不变,因此货币供应量可用一条垂直的直线表示。当货币供应量为 MS_0 时,最终均衡在 E 点实现,此时利率为7%。然而,出于政策目的,美联储可能增加或减少货币供应量。如果货币供应量增加到 MS_1,利率就会下降。由于借贷成本降低,经济中的总体投资将增加,货币总需求增加。而当货币供应量减少到 MS_2 时,情况正好相反。

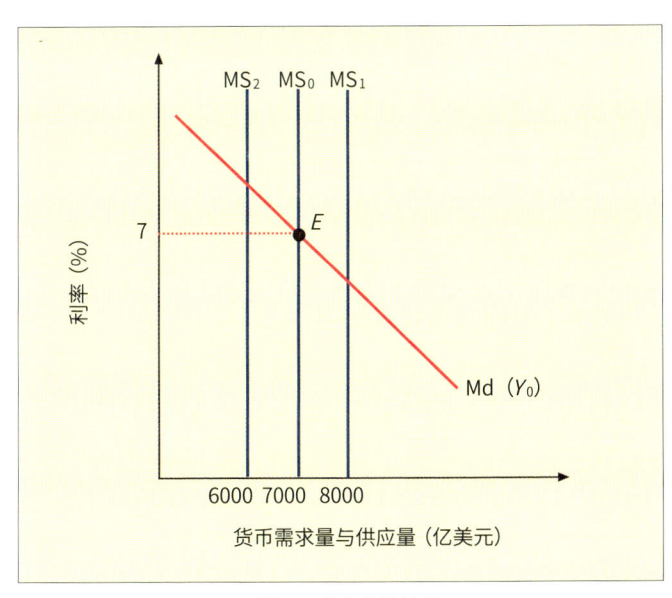

图28　货币市场均衡

经济理论

垄断

垄断指某一市场中只有一家公司出售商品或服务的情况。该卖方对市场价格具有完全控制权，并且完全支配着特定产品或服务的生产和分销，而这种产品或服务没有与之相近的替代品。

为使垄断公司保持在市场上唯一供应商的地位，就必须要有市场进入壁垒来阻止其他公司进入市场参与竞争。进入壁垒主要有以下几种。

像伦敦的苹果商店这样的科技巨头经常被指责维持和滥用垄断权力。

关键资源的单一所有权是一个重要壁垒。例如，某垄断企业会因为拥有天然矿物的唯一使用权而发展起来。钻石公司戴比尔斯（De Beers）就是一个典型的例子。

专利和版权法也可能构成壁垒。专利和版权法赋予个人或公司向公众销售某些商品或服务的专有权利。某个发明，某种独特设计，或者是某首音乐或某篇文章都可以受到专利和版权法的保护。

一个行业的生产准备成本过高，也可能成为一种壁垒，并让新公司望而却步。例如，在汽车行业，开发新品牌汽车和建立大规模生产工厂的初始成本过高，这有效阻止了多数公司进入市场。

自然垄断也是一种进入壁垒。当规模经济使市场只有一家公司时，自然垄断就会出现。在这种情况下，规模经济意味着最大公司可以将价格定得低于任何小公司为维持业务所需的价格。在美国，人们多年来普遍认为，铁路、电力公司和电信都属于自然垄断。自然垄断也可能存在由政府垄断或至少接受政府某些监管的情况。

最后，营销壁垒可能以广告的形式存在。垄断企业会为其产品建立一个非常强大的品牌形象。即使市场上出现更便宜或更好的产品，消费者也会继续购买该垄断企业的产品。

如果垄断企业因较高的进入壁垒而没有竞争对手，该企业就可以定高价并获得超额利润。在这种情况下，垄断可能对经济不利，需要某种政府或法律监管。在美国，一些行业就受到政府监管，而且国家还制定了反托拉斯法来限制垄断的泛滥。在20世纪90年代，联邦贸易委员会发现微软公司垄断了互联网和软件行业。

然而，仅凭垄断的事实并不能证明其造成了任何经济损害。如果市场进入门槛低，缺乏真正的竞争对手可能不是一个大问题。竞争对手可能进入市场的威胁足以让垄断企业表现得像竞争企业一样。如今，多数经济学家认为，市场竞争性（即进入壁垒是否足够低）是判断垄断的社会成本时更重要的因素。

最近研究还发现，创新与研发对长期经济增长至关重要。专利和版权制度允许投资者从创新与发明中获得利润，有效地建立了垄断，并激励个人和公司更多地投入研究。

经济理论

跨国公司

跨国公司或企业是在国外拥有并经营工厂或生产单位的公司。

大多数跨国企业，如埃索（Esso）、福特（Ford）、雀巢（Nestlé）、百事可乐（Pepsi）、IBM 和三菱（Mitsubishi）等，最初都是由发达国家创立的，尤其是美国。这些公司通常是在开始海外贸易将产品销往海外时进入国际市场的。随着全球销量的增加，企业所有者或经营者可能会认为在国外设立子公司是有利可图的。

随着交通和通信技术的不断进步和发展，跨国公司的规模和数量将不断增长。如今，世界前 200 大跨国公司的总产出已相当于世界总产出的三分之一。仅通用汽车一家公司的产量就超过了许多国家的产量，如丹麦、挪威和波兰。

跨国公司经营了大体量且高利润的业务。

跨国公司可以从多个国家拥有的经营单位中获得许多优势。在主要海外市场生产和销售产品将降低公司的运输成本，同时这也能让公司与客户保持直接联系。在某些国家，跨国公司在当地生产和经营也能避免购买进口产品的阻力。

公司在海外设厂还可以避免进口限制或获得本国没有的原材料和自然资源。在某些情况下，跨国公司会选择在工资较低、卫生和安全法规及其他就业法规比本国更为宽松的国家设立子公司。

其他因素也会影响公司在哪个国家设厂的决定。例如，在20世纪90年代初期，许多海外公司，尤其是美国和日本公司，选择在英国开设子公司。这里没有对工作时间的限制，对进入高失业率地区的公司提供补贴，且母语为英语，因此跨国公司被这些条件所吸引。最后的母语因素甚至影响了日本的跨国公司，因为英语是在日本被最广泛使用的第二语言。

跨国公司为东道国提供新的就业机会、新技术和新方法。日本设立在英国的子公司的生产和管理技术已被多家英国企业效仿。跨国公司也为东道国的出口作出贡献，而且如果跨国公司增加该领域的竞争，消费者也会获益，因为这将使市场产品的选择更多，质量更高，价格更低。

然而，这些影响并不都是有益的。跨国公司也可能会将本土生产商驱逐出市场，从而减少竞争和消费者选择。一些跨国公司还被指控剥削当地劳动力、工资水平低、健康和安全记录差。

此外，许多跨国公司有能力将生产转移到世界各地。因此，这使他们在工资谈判，甚至在与政府的沟通中都有很大的议价能力。大型跨国公司为了赢得对方的让步，可能会以关闭工厂作为威胁。

经济理论

国民收入与国民收入核算

国民收入是一个经济体在一段时间（通常是一年）内的收入、产出和支出的价值。国民收入核算是对国民收入的计量和汇总

国内生产总值（GDP）是衡量国民收入的指标，因此也是衡量整体经济表现的指标。GDP指一个国家在一定时间内生产的所有最终产品和服务的市场价值。定义和衡量 GDP 是国民收入核算的主要目标。美国商务部发布"国民收入和产品账户"来衡量美国经济的状况和动态。

国民收入的核算包括经济中所有最终商品和服务的价值、支出和收入。即使是更模糊的服务也被包括在内，如这位猫王模仿者所提供的服务。

衡量 GDP 有三种不同但等效的方法：

第一种方法是将国内生产的所有最终商品和服务的市场价值加起来，例如电脑、苹果、理发服务等。这或许也是最直接的方法。评估一些未在市场上出售的服务会使用估算的方式，比如政府服务。同时区分中间产品（如钢材等原材料）和最终产品（如汽车）也是必要的。中间产品不计入 GDP。将每个生产阶段的附加值相加可以避免重复计算（即将中间产品添加到最终产品中）。附加值等于产出价

140

值减去中间投入的成本。

另一种计算 GDP 的方法是计算将产出出售时发生的总支出。由于每笔交易都有双方参与，即买方和卖方，因此总支出必等于产出总价值。支出可分为四类：消费（C）、投资（I）、政府购买（G），以及净出口，即出口（X）减去进口（M），因此，GDP=C+I+G+X–M。

最后，因为所有支出必须首先作为收入获得，因此 GDP 等于经济体中每个人的总收入。换句话说，一个经济体在一段时间内生产的商品和服务的价值必须等于该经济体花费或获得的收入。

非价格竞争

实际上，大多数市场都属于不完全竞争市场。不完全竞争市场允许公司用价格以外的方式进行竞争。非价格竞争包括促销、广告、产品植入和品牌推广。

在完全竞争条件下，生产相同商品和服务的公司之间仅通过商品和服务的价格进行竞争。然而在现实中，市场几乎都不是完全竞争的，价格只是竞争的一部分。

大多数公司在向市场推出新产品或服务时，会制定一种营销策略。策略的第一部分包括公司研发一个客户想要购买的产品。假设一家公司希望销售一种新型太阳镜，他们可能需要进行市场研究来确定市场缺口，比如市场需要重磅的镜片还是时尚的新设计。

然后，营销部门将设定价格。这个价格可能高于或低于市场上其他太阳镜的价格。如果

广告是非价格竞争中最强大的武器之一。

该公司的目标是销售大量普通且批量生产的太阳镜,它将设定一个低价,比如一副10美元。或者如果该公司希望销售名牌或质量非常高的太阳镜,这时价格会高得多,可能高达每副200美元。

一旦产品和价格确定了,公司就需要通过广告和促销来告知潜在客户有关新太阳镜的信息,并试图说服消费者购买他们产品,而非竞品。他们还需要确保有一个良好的分销系统,这样太阳镜才能在合适的时间出现在合适的地点来满足预期的需求。

品牌是非价格竞争的重要组成部分,许多市场都被品牌商品所主导,比较知名的有可口可乐软饮和李维斯牛仔裤。品牌商品是由特定公司生产的商品,这些商品似乎具有区别于其他类似商品的独特特征。实际上,有些产品是独一无二的,比如莱斯保罗电吉他或劳斯莱斯汽车。其他产品则非常相似,只是包装和广告不同,比如许多品牌的麦片、牙膏或清洁剂等。通过广告大力促销的品牌商品通常会比同一种无品牌的产品销量更高,即使后者价格要低得多。

经济理论

寡头垄断与寡头垄断竞争

寡头垄断存在于仅有少数相互依赖的公司相互竞争的市场中。西方国家的大多数市场都属于不同程度的寡头垄断。

寡头垄断企业对产品的产量和价格都有高度控制权。因此，该市场中的价格要高于竞争充分的市场价格。

当供应由少数大公司控制时，比如三四家公司控制着市场80％的总产出时，寡头垄断市场就会形成。这些公司是相互依存的，一个公司的行为和战略将对同一行业中其他公司产生深远影响。在完全竞争的情况下，许多独立的小生产商存在于市场中。一家公司的行为也不会影响到其他公司。在寡头垄断竞争中，一家大公司如果想要增加其销售额，那么这种增加通常会以市场上其他公司的销售额的减少为代价。

部分经济学家认为，寡头市场的特点是进

位于奥地利维也纳的石油输出国组织（OPEC）。世界石油市场便是寡头垄断的典型例子，即少数生产商控制整个市场。

入壁垒。如果没有这样的壁垒，小公司就会受到丰厚利润的吸引而进入市场。这将会降低大生产商的市场份额并使其价格降低。

寡头垄断市场中的公司可能会有多种策略，但他们拥有一个共同点——倾向于在营销、广告和品牌商品上花费大量资金。这是因为他们需要在不降价的前提下与竞品竞争，保持市场份额。降价容易引发价格战，从而减少利润。

寡头垄断市场中的公司常常通过巧妙的营销手段来维持客户忠诚度，如优惠券、会员卡、航空里程、免费礼品，以及其他促销活动。

广告还用来让消费者知晓新品，经过改进或重新包装的产品。比如在1996年，百事可乐为推出全新的蓝色商标，大肆进行广告宣传。广告也可用于应对竞争对手推出的新品或改进品。

强大的品牌效应是公司在寡头市场中竞争的另一种方式。公司倾向于在独特的产品设计、包装和公司标志上花费大量资金。

在寡头垄断中，价格竞争也可以通过勾结与合作来避免。企业之间可能会达成共识，限制竞争，设定价格，或削减供应，目的在于提高价格和利润。在大多数发达国家，这种行为是非法的。

机会成本

机会成本是做出决策时必须放弃的价值最高的选项。

当消费者选择做一件事或购买一件商品时,他就放弃了从其他活动或商品中可能获得的利益。例如,一个人打网球的机会成本就是他可以做的任何其他事情,比如看电视、工作、玩游戏或散步。机会成本是衡量个人、企业或其他组织做出决策的重要指标。

消费者、公司和政府都会不断做出与去打网球而不看电视或散步类似的决策。例如,消费者希望购买或获得更多商品和服务,而政府可能希望增加在教育和法律与秩序方面的支出。然而,经济中的资源具有稀缺性。没有足够多的原材料、工厂、工人或时间来生产人们想要的一切,或让人们做他们想做的一切。

每当一个人做出选择时,他就必须放弃其他选择,比如买车。买车的机会成本可能是为了负担得起买车的费用而不得不放弃的假期。政府可以决定在国防上投入更多资金并分配更多资源,该决定的机会成本是放弃将这笔资金和资源分配给其他政府活动领域所产生的利益,如教育或福利。

机会成本与资源

机会成本也可以用来衡量公司使用稀缺性资源(如土地、劳动力或资本)来生产特定商品或服务的成本,以及这些资源可以被用于的各种替代方案。比如一家公司或经济体选择投入更多资源来生产电视,其机会成本就是可用于生产电脑的资源更少。

图29体现了经济体利用资源可以生产的电视和电脑的数量。图

机会成本

中表明，如果公司决定将电视的产量从 $TV1$ 增加到 $TV2$，那么电脑的产量就必须从 $PC2$ 减少到 $PC1$。在这种情况下，多生产100台电视的机会成本是100台电脑。

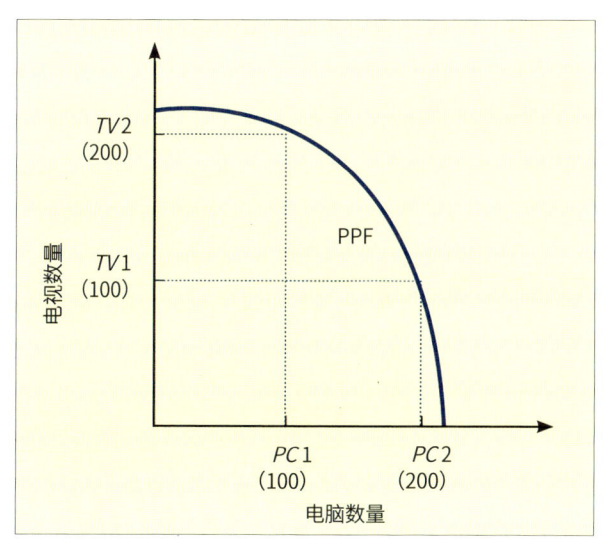

图29 生产可能性边界用电脑的数量体现生产电视的机会成本，反之亦然。

生产可能性边界

图29中的曲线连接了生产电视和电脑所有可能的组合，该曲线被称为生产可能性边界（PPF）。PPF 的斜率是边际转化率，即生产电视的边际成本与生产电脑的边际成本之间的比率。PPF 的前提是假设资源是直接重新分配的。然而，在现实实践中，将资源从某一商品或服务转移到另一商品或服务的情况并不总会发生。

147

经济理论

人口与移民

人口是指居住在一个社区、地区或国家的人数。国家的人口及其构成非常重要，不仅是因为人口是该国劳动力来源，人口的快速增长也可能成为经济增长的障碍。

移民是人们从一个地区或国家转移到另一个地区或国家定居。移民往往是由于失业或企业选址等经济因素导致的。

人们常常被迫离开没有足够耕地的农村，来到城市找工作。经济移民也可能被迫离开一个资本、土地和自然资源不足而无法为他们提供工作的国家。

人口众多意味着更大的商品和服务市场，但有限的自然资源也会被大量开采。

有人可能会说人口众多意味着更大的商品和服务市场，同时也意味着劳动力——这一关键生产资源——更丰富。这反过来会带来更高的专业化水平，更多分工，因此经济产出也会更大。然而，人口的构成相当重要。如果一个国家贫困，人口还迅速增长，那么被抚养人口与劳动力的比例也会提高。这反过来将导致用于支持被抚养人口的资金比例增加，如在学校、医院、道路等方面的支出，而实际投入生产商品和服务的资本减少。那些真正创造财富的资源（如工人、工厂和机器）将更加难以支持其他人口（即儿童、老人、病人和失业人群）。

托马斯·马尔萨斯（Thomas Malthus）是第一位讨论人口增长负面影响的经济学家。从那以后，许多经济学家将人口快速增长列为经济增长和发展的主要障碍。在20世纪最后25年中，世界人口以每年2%的速度增长，也就是说世界人口每37年将翻一番。当今世界大约有60亿人。以目前的人口增长率来看，许多人认为地球终将无法养活这么多人口。地球上许多自然资源都是有限的。石油、煤炭和其他矿产资源的供应终将耗尽。甚至目前人们对于一些可再生资源的开发速度也远高于它们更新的速度，比如渔业和阔叶林资源。

然而，有些人则认为，技术的发展将克服自然资源枯竭带来的许多问题。他们坚称太阳能和风能等替代能源将得到充分开发，同时纸张、玻璃和其他材料的回收利用也将有所创新。但这些技术进步是否能够有效补救还有待观察。

经济理论

贫困

如果一个人的收入低于维持基本生存需求或一个国家特定生活标准的水平，那么他就属于贫困人群。

财富不平等意味着有些人相对富裕，而另一些人相对贫穷。有些人的资产（如金钱、财产、资产等）比其他人多，因而他们的收入不平等。

贫困的概念与财富的概念密切相关。正如财富一样，贫困在某种程度上是一个相对概念。我们必须要在一定时间和地点的一般生活标准下来理解贫困。

生活水平和生活成本因国而异，甚至在国家内部也各不相同。因此，生活水平高的国家的穷人在生活水平低的国家可能并不算贫穷。比如，生活水平相当低的美国人在安哥拉或孟加拉国等国家可能反而相当富有。

然而，贫困也有绝对的一面，因为人类基本的生存需求不是社会建构的，而是生物学赋予的。任何人如果无法获得最低限度的食物和

自由市场或资本主义制度的批评者指出，虽然许多人从这种资源配置的方法中受益，但其他人却一无所有。无家可归者甚至无法拥有最基本的生活必需品——食物、住所和衣物。

水来避免营养不良,或者缺乏住房或衣物等形式的庇护,则处于绝对贫困状态。

衡量贫困

在美国,贫困标准或贫困线是用来反映食物成本的一个金额。这个有些武断的概念由美国农业部于1901年提出,它由维持一个家庭所需的食物价格总和乘以三得出。1998年,如果一个美国的四口之家年收入低于16036美元,他们就属于贫困人群。然而,贫困线没有考虑到城市与农村生活成本的差异。这种差异可能是相当巨大的,城市的住房、交通和食物成本通常要高得多。

美国的贫困

美国统计学家计算的是生活在贫困中的人群数量以及贫困人口占总人口的百分比。在20世纪60年代至70年代初,贫困人口的数量和百分比均有所下降,但在20世纪70年代后期至80年代初期却急剧上升。然后贫困率再次下降,直到1990年美国再次陷入衰退。20世纪90年代后期,经济增长率相当不错,贫困水平再次下降。一个经济体的健康状况在决定贫困率上升还是下降方面非常重要。如果经济产出下降,许多生活在贫困线或刚刚高于贫困线的人群收入下降,因此生活水平开始下降到贫困线以下。这常常由于很多人在经济衰退期间失业,而贫困最主要的决定因素是看一个人是否有工作。

许多社会批评者指出,尽管资本主义是一个产生巨额财富的制度,但同时也产生了惊人的相对贫困和绝对贫困:无家可归、营养不良和饥饿。根据食品与发展政策研究所的数据,全世界每年有6000万人死于饥饿,其中1500万人是儿童。

经济理论

价格与价格理论

商品的价格是指它可以兑换成其他物品的比率——通常是货币或其他商品或服务。价格由供求关系决定。市场出清或均衡价格是需求量等于供给量时的价格。

为了说明实际操作中的价格理论，我们以网球拍的价格为例。假设目前许多公司都生产网球拍。如果一家公司想卖得更多，也就是说，向市场提供更多的球拍，那么他需要说服更多的人购买网球拍。最简单的方法是降低价格。也可能是使网球运动在某个特定时期突然变得非常流行，比如在初夏，人们都想要健身的时候。结果就是，越来越多的人想要购买网球拍，而且许多人也愿意在他们需要网球拍的时候支付更高的价格。一般来说，如果供应增加或需求减少，价格就会下跌。同样地，如果供应减少或需求增加，价格就会上涨。

这可以用供需图来表示，如图30所示。

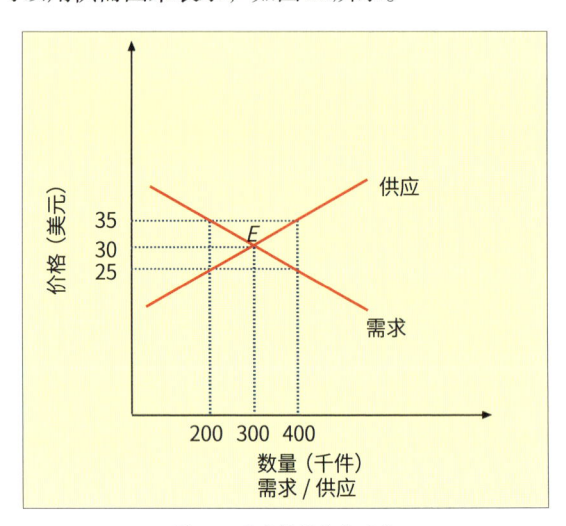

图30 网球拍的价格确定

供需过剩

当价格为25美元时,人们愿意购买网球拍的数量为40万个。但以这个价格,供应商只能提供20万个球拍,那么许多消费者要感到失望了。在这种情况下,需求出现过剩。而当价格为35美元时,市场可以提供40万个网球拍。然而,只有20万人愿意以这个价格购买球拍,因此许多球拍将无法售出。在这种情况下,供应出现过剩。

只有当价格是30美元时,需求量才会等于供给量,即E点。这就是均衡价格或市场出清价格。这时,供求力量平衡,并且没有任何改变的趋势。如果供应过剩,供应商将减产并降低价格。如果需求过剩,生产者将趁机增加产量和提高价格。这种趋势将持续到供应量等于需求量为止。

趋向均衡价格的趋势是竞争逻辑的结果,而非通过任何直接干预,这就是所谓的"看不见的手"。

在短期内,价格均衡是不可能实现的,就像供应商不可能立刻对市场力量做出反应一样。他们可能已经在满负荷生产。如果要增加供应,供应商就必须投资新工厂、机器、工具等,或者雇用更多劳动力。即使制造商已经储存了相关商品,他们仍需要将商品运送到市场中或分发给零售商,这两种方法都是费时费钱的。

市场互动

为了方便起见,经济学家可能会孤立地考虑市场,就像上面的例子一样。但在实践中,一个市场的价格变化往往会影响其他几个市场的需求和供应。比如,如果这些商品或服务为互补品,也就是说,一种商品或服务的使用与另一种或多种其他商品的使用相关联,那么一种商品或服务的价格下降可能会导致对这些商品或服务的需

经济理论

求都增加。因此，如果光盘播放器的价格下降，这可能导致对光盘播放器和光盘的需求均增加。

如果消费者认为某些商品在某种程度上互为替代品（如寄信可能是电话的直接替代品），那么某一商品价格的上涨很可能导致对另外商品的需求增加。如果打电话变得非常昂贵，那么更多人可能会选择写信。

市场之间的第三种联系通过衍生需求产生。在这种情况下，对特定生产要素的需求间接地取决于对其制成品的需求水平。例如，对

当需求高或供应低时，一种商品趋于高价。当需求低或供应充足或过剩时，价格会下跌。

织布机、织工和羊毛的需求全部或部分来自织布市场。如果布料价格下降，那么它的需求量增加，最终对其生产要素的需求将增加。因此，布料价格的下跌最终将导致对织布机和织工的需求增加。这样一来，更多的布料将被生产和供应，以满足市场对布料需求的增长。

经济理论

价格歧视

价格歧视是指供应商以不同的价格向不同的人出售相同的商品或服务。比如，儿童或老年人购买电影票的费用更低，或者人们在早高峰乘坐地铁所支付的费用比白天更高。

价格歧视要想成功，必须适用一套特殊的市场条件。最重要的是，相关商品的需求价格弹性必须因市场而异。在某些市场上，人们对产品价格的变化会有不同的反应。比如，在乘坐飞机出行时，商务旅客的日程安排通常更紧凑，但他们所能承受的价格限制却比普通游客少，后者对何时乘坐飞机有更多选择。与普通游客相比，商务旅客对航空服务的价格需求弹性较小：即使价格上涨，也几乎保持不变。因此，航空公司可以提高商务旅客的票价，降低普通游客的票价，从而增加收入。如果需求的

机票受到价格歧视，几乎值机队伍里的每个人都可能为同一旅程支付不同的价格。

价格弹性小，价格上涨将增加收入；如果需求的价格弹性大，价格下降将增加收入。

价格歧视的另一案例则是电影院，儿童和老年人的收费要低于其他人。老年人对电影的需求具有更高的价格弹性，因为他们的空闲时间比工作者更多。同样地，像价格俱乐部和山姆会员商店这样的大型仓库商店以较低的价格出售大量产品。在这些商店购物的顾客对某些产品的需求价格弹性高于不想大量购物的顾客。

要使价格歧视发挥作用，两个或多个市场除了需要具有不同价格弹性外，还必须充分独立，这样套利（即在一个市场买入并在另一个市场卖出获利的做法）行为就不会存在。比如你无法向成人出售儿童票来赚差价。供应商还必须拥有一定的垄断力量，避免消费者转向更便宜的供应商。

国际歧视

价格歧视也可能跨越国界。比如，垄断企业可能会以比国内低得多的价格将商品"倾销"到国外。不同税收水平可能会在邻国之间造成价格歧视。如果价格差异过大，商品很可能会被走私过境在黑市上出售。

私有化

私有化是国有企业向私人控制和私人所有的转移。它与国有化相反，国有化涉及政府或公共部门对私营企业的收购。

国有企业不像私营企业那样受制于同样的经济力量。国有企业隶属于公共部门，由中央税收资助，或至少得到中央税收的补贴。因此，这种受到保护的企业不会破产，也不会像私营企业那样面临同样的竞争压力。

虽然国有企业效率不高，但国有制通常是有必要的，尤其是在基础产品（如水、电或铁路服务等）行业。由于高昂的准备成本，私营企业无法进入这些领域。必要基础设施的成本让私营企业望而却步，如轨道铺设、信号、发电站、水管道等。因此，许多国有企业是自然垄断企业。这些企业属于公共部门，政府可直接对其产生影响，确保企业不会利用其在市场上的特权地位。国有或政府所有的行业也提供公共产

许多以前是国营的美国监狱最近已被私有化。支持这种所有权变更的人认为，此举可以在显著降低成本的情况下提供至少与以前相同质量的服务。

品，比如国防或法律与秩序。然而，也有许多经济学家认为，这些国有企业应尽可能地交到私人手中。

效率

那些支持私有化的人认为，如果国有企业面临竞争和市场力量，这将提高这些企业的效率。没有竞争的压力，管理层和员工就不担心成本的上升。低效和曾经的国家资助将会减少利润和可用于进一步投资的资金。企业必须变得更有效率才能生存。

成本与消费者选择

成本降低可以通过降低价格的形式传递给消费者。竞争的压力也是提供更好服务和更多消费者选择的动力。私营企业也更有创新意识，并对消费者需求更加敏感。

监管

尽管政府不再替私营企业做决策，但政府仍可以通过有效的监管来控制这些企业。监管通常采取限制赢利的形式。这对这些企业可收取的价格进行限制，确保了一个更加为社会所接受的结果。

当提高效率产生了更好的社会结果时，私有化是可取的。比如在美国，部分监狱服务目前已私有化。而在英国，许多以前的国有企业在20世纪最后20年里已经被私有化。在这些情况下，监狱建筑或电力线路等基础设施已经建立起来。使用这种基础设施的权利被出售给了较小的私营公司。这些公司为争取经营监狱或为消费者提供电力的权力而互相竞争。

生产

爆米花、棒球棍、汽车、教育、电影以及核武器只是世界经济中生产的部分商品和服务。在生产过程中，公司将现有的产品与生产要素结合起来制造最终产品。这些生产要素通常是机器（即资本）、自然资源（即土地）和员工（即劳动力）。

公司可用的资源或生产要素（通常是资本和劳动力）是有限的。因此，管理层必须就生产做出决策，确保最有效地利用资源。

生产函数

一家公司生产两种产品：爆米花和甜甜圈。管理层有三种选择：

1. 只做爆米花
2. 只做甜甜圈
3. 同时做爆米花和甜甜圈。

选项1将爆米花的产量最大化；选项2将甜甜圈的产量最大化。选项3中，爆米花和甜甜圈的产量取决于分配给它们的总资源比例。

爆米花和甜甜圈的生产函数，也被叫作生产可能性边界（PPF），是利用有限资源生产这两个产品的可能方案的集合。

高效的生产和生产力

一方面，在图31中，PPF以内的任意一点（例如 A）都是低效的。因为在给定可用资源的条件下，产量更多的一种商品，同时另一种商品产量不会变少的情况有可能实现。另一方面，PPF上的任何一点（例如 B）都是在给定资源下的最大化输出。这就是最佳生产率，

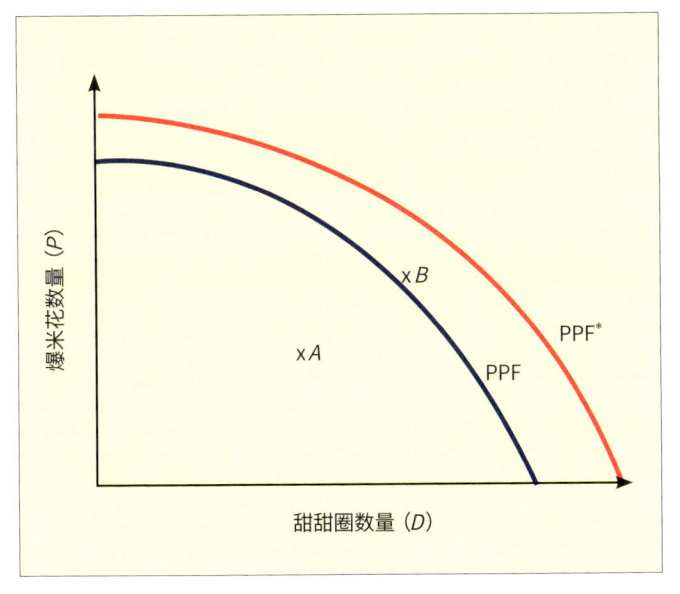

图31 生产可能性边界

达到这一目标的公司就实现了高效生产。

为了使利润最大化，管理层要么让固定产出的成本最小化，要么让固定成本的产出最大化。

边际收益递减

如果所有资源都被用来生产爆米花，那甜甜圈就不会有产出。随着资源从生产爆米花转向甜甜圈，爆米花产量下降，甜甜圈产量增加。生产甜甜圈的数量起初会迅速增加，但随着每单位资源的转换，增长速度会变得越来越慢。这种现象称为边际收益递减。

假设公司的资本资源包括六台机器：其中三台做爆米花，三台做甜甜圈。在劳动力方面，该公司有六名机器操作员和两名主管。

最初，所有操作员和主管都在生产爆米花。

一名操作员被转去操作甜甜圈机器，一名主管协助他。甜甜圈的产量迅速上升，达到这台甜甜圈机器的产能。然后另一位操作员被转去操作第二台甜甜圈机器。甜甜圈的产量再次上升，但主管现在需要协助两名操作员，因此解决问题的时间是原来的两倍。所以甜甜圈的增量少于第一次转换的增量。每当有一位操作员被转去制作甜甜圈时，由于对主管时间需求的增加，甜甜圈的额外产量就会减少。转移了三个操作员之后，操作员在工作时就会互相影响，因为每台机器是由超过一个操作员同时操作的。

甜甜圈的产量正在上升，而爆米花的情况则恰好相反。第一个转为生产甜甜圈的操作员实际上是当初最后一个被分配生产爆米花的操作员，因此他的额外产量最低。所以，爆米花的产量起初下降缓慢，但随着操作员一个一个地转移，产量下降得越来越快。

生产函数的形状

生产函数曲线的形状是由边际收益递减决定的。如果爆米花和甜甜圈产量的增加或减少在每次转换时都保持不变，那么这个函数将呈一条直线。边际收益递减效应越强，生产函数的曲率越明显。

短期与长期

以上是短期的情况，其中所有关键因素，即资源和生产技术，都是固定的。PPF 不能移动。

从长期角度，情况并非如此。公司会通过增长或其他融资活动而获得额外资源。技术进步也将提高这些资源的生产力。额外的资源或提高的生产力将使 PPF 外移到 PPF*。在短期内，公司管理将在

PPF 的基础上进行。从长远来看，公司试图将 PPF 外移。

等成本线与等产量线

成本是可用资源的函数，在本案例中为资本（K）和劳动力（L）。"等成本"曲线（IC_1）代表产生相同总成本的资本和劳动力的不同组合。因此，在图 32 中，拥有 0 台机器和 10 个工人的公司成本与拥有 8 台机器和 0 个工人，或 4 台机器和 5 个工人的成本相同。

然而，每种资源的组合都会产生不同的总产出。"等产量"曲线（IQ_1）代表生产固定产出所需的资本和劳动力的组合。例如，IQ_1 上的 A 点的总产量与 B 点相同，但 A 点需要更多的劳动力，更少的机器。

公司的管理层知道可用的最大资源（比如说是 6 台机器和 8 个工人），因此，他们知道最大等成本线是图 32 中的 IC_2。如果他们的目

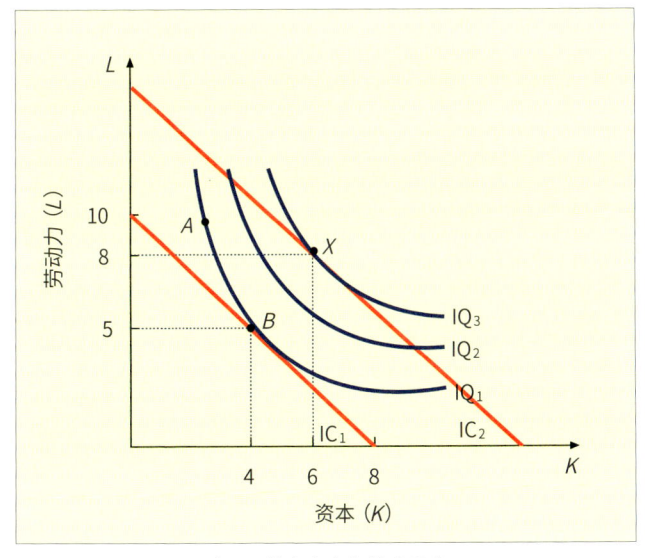

图 32　等成本线与等产量线

标是在这些资源固定的情况下达到可能的最高产出，他们将在等产量线 IQ_3 上生产。他们可以在 IQ_2 多个点进行生产，但这样的产出更低。资源的有效组合是 IC_2 和 IQ_3 的切点 X 点。这使固定成本的产出最大化。这也确保了公司在其 PPF 上进行生产，因为它将使固定资源的产出最大化。

利润与利润最大化

利润是公司总收入与其总成本之间的差额。当总成本超过总收入时，利润为负，企业亏损。当边际收益等于边际成本时，此时的价格和产量将让企业实现利润最大化。

经济理论衡量利润的方式与会计师处理个人或企业财务记录的方式略有不同。会计师只关注显性成本，如原材料和劳动力的支付。而经济学家不仅关注显性成本，还关注隐性成本。例如，公司使用自有营业场所的显性成本是其为场地支付的租金或抵押贷款；然而，隐性成本是放弃将场地出租给第三方而收取的潜在租金的机会成本。

经济学家将利润分为正常利润和异常利润。正常利润足以确保公司在市场中继续营业。在市场理论中，正常利润是所生产商品和服务成本的一个组成部分。如果某一市场的利润水平低于具有相同风险的另一市场，那么公司可能会将其资源转移到另一市场。

异常利润，也称为超额利润或经济利润，大于维持公司业务所需的利润。由于市场暂时性失衡，在短期内公司利润可能高于正常水平。比如当供不应求时，企业可以提高价格和产量，获得超额利润。然而，市场的赢利能力将鼓励新公司的进入，最终利润将随着供应增加和价格下降而减少。如果一家公司拥有垄断地位，那么从长远来看它也可以获得超额利润。只有当新公司被壁垒阻止进入市场时，垄断才是可持续的。

企业的成本曲线类似图33所示。企业在生产时会追求其利润最大化，因此，最后一单位生产的边际成本（MC）等于最后一单位销售的边际收入（MR）。利润是最后一单位的平均总成本（ATC）和平

经济理论

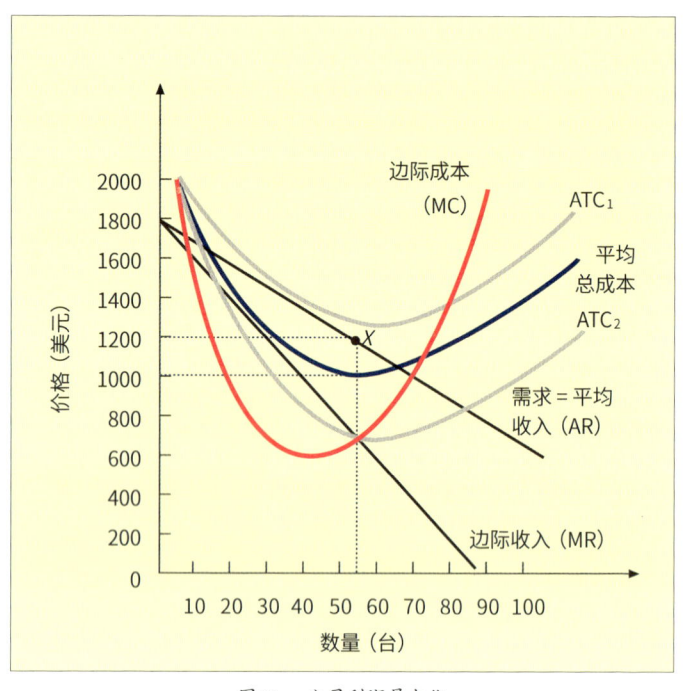

图33 公司利润最大化

均收入（AR）之间的差额。

图33显示了一家计算机公司的AR、MR、MC、ATC₁和ATC₂曲线。最佳产量是0X，这时MR等于MC，公司生产55台计算机，每台1200美元。当产量小于0X时，MR大于MC，因此将产量扩大到0X会产生额外的边际利润。当产量大于0X时，MC大于MR，因此将产量减少到0X会增加利润。当产量为0X时，ATC相对AR的水平决定了实际的利润水平。如果ATC在0X处等于或高于AR（曲线ATC₁），公司将亏损或仅获得正常利润。如果ATC在0X处低于AR（曲线ATC₂），公司会一直获得盈利，直到其他企业进入市场，降低该公司的AR曲线或增加其成本并提高ATC曲线，直到该公司再次获得正常利润。

公共部门

公共部门是由政府拥有和控制的经济部门。在美国，公共部门与联邦、州和地方各级的活动有关，主要是税收和政府支出。

政府的支出被用于多种方面，比如提供某些社会福利。政府支出还被用于提供所谓的"公共产品"，即国防、教育、警察和消防等物品和服务。

纯粹的公共产品是一种每个人都可以平等地从中受益且不受阻止的产品。公共产品的这一属性被称为非竞争性。例如，无论是否缴纳了为军队提供资金的税款，每个人都会得到武装部队提供的安全保障。此外，一个人从这种安全保障中获益，这不会阻止其他任何人同等程度地从中获益。商品或服务的这一属性称为非排他性。

法律与秩序是公共部门必须提供的公共产品之一。

公共部门提供公共产品的原因

当市场体系无法提供公共产品时，政府必

须出面。发生这种情况的原因有很多。

搭便车问题是公共产品属性导致的结果,即个人没有动机开诚布公地说出他们愿意为公共产品花多少钱。比如,一个人可能会辩解道,既然他从警察的保护中获得的好处不会比其他人少,那他为什么要付钱?他可以让别人付钱,自己往后站但仍然从中获益。主要由于这一属性,公共产品通常最好由政府提供。

公共产品留给公共部门提供的另一个原因是准备成本。以法律与秩序为例,为提供这一公共产品而创立企业的成本将包括警察局、警车、通信网络、法院、监狱等。这些成本对于私营企业来说太高了。同样地,即使私营企业可以负担得起准备成本,也无法收回投资,因为公共产品没有被出售的市场。由于搭便车问题,我们无法判断哪些人受益,受益了多少,

教育是一种混合产品。如果教育完全由私营部门提供,企业的供应将会不足,因为私营企业不会考虑教育对整个社会的长期价值。

哪些人愿意为此买单等。因此设置一个市场价格也是不可能的。私营企业不参与提供公共产品。私营企业的动机与公共部门不同。私营企业的目标是利润最大化。但就国防或法律和秩序等公共产品而言，这个目标不合适。

混合产品

纯粹的公共产品只占公共部门总支出的一小部分。政府支出的另一个重要领域是混合产品——由于外部性或成本回收周期过长，市场提供的产品不足，教育就是混合产品的一个案例。美国或任何其他国家未来的繁荣取决于是否拥有足够数量受过良好教育的劳动力。而且，不会读写或不懂数学的人不太可能找到工作，因此他们将成为社会的负担，而不是财富。然而，如果所有学校都是私立的，一些父母可能负担不起或不想送孩子上学。在这种情况下，在提供教育以及面对教育的需求时，教育的正外部性，即对社会整体的好处，没有被考虑到。其他类似的案例包括道路和卫生服务，在这些领域，政府的干预是必要的。

公共选择理论

考虑到由私营企业提供公共产品不太现实，而且在提供混合产品时政府的一些干预是必要的，因此政府必须决定提供哪些以及提供多少产品。国库虽大，但并非无穷尽。通过提高税收来增加收入通常也是一个政治上不受欢迎的决策。因此，需要进行成本效益分析，来确定以何种水平供给何种商品，这样才能利用固定的资源获得最大化的社会效益。

与此相关的要解决的主要问题是确定提供一种商品的"价值"，

以国家公园及其在保护野生动植物物种方面的作用为例。比如,最近将狼重新引入黄石国家公园,这有助于保护一个濒临灭绝的物种。一方面,这种保护既有道德意义,也有一定的教育意义,同时人们能从观赏野生动物中获得乐趣。另一方面,狼的重新引入是否会让人们参观的黄石公园变得更危险?如果是这样,是否有理由只将资源用于保护那些对人类没有任何威胁的物种?将一个物种的"价值"置于另一物种之上的行为是否可取,甚至是否可行?要有效分配有限的资源就必须解决这些问题。

衰退和萧条

衰退是指一个经济体在一年中至少连续两个季度（即6个月或更长时间）出现产出水平下降（即实际 GDP 负增长），但尚未达到低点或低谷。萧条是一种非常严重、深度或长期的衰退。在这种情况下，产出大幅下降，并在很长一段时间内处于低谷，有时甚至持续数年。

20世纪30年代的大萧条是一场典型的严重萧条。在1929—1933年，美国的产出下降约30%，而1933年，美国失业率高达25%。这些后果在全球范围也引起连锁反应。公司因产品滞销不得不关闭工厂和办公室，这一规模是前所未有的。

随着20世纪30年代初经济的恶化，许多美国人很难找到一个地方居住。在这里，失业的人住在纽约的临时棚屋里。

不同经济理论从商业周期的角度研究了衰退和萧条的原因。商业周期是指经济活动的周期性波动，其遵循衰退、萧条、复苏、扩张，然后再次陷入衰退的模式。

古典观点

古典经济学家对经济活动波动的原因知之甚少，而且他们认为商业周期起因被认为是模糊

且多种多样的。然而，这些经济学家们认为，扩张和衰退是经济自我修正的特征。他们认为经济在充分就业时达到均衡。工资水平的变化确保了这一点。比如在经济衰退期间，劳动力供应超过需求，因此工资下降。随着工资下降，工人将被重新定价，并用获得的收入来购买他们增加的产出。在增长和扩张期间，情况则相反。

这种机制存在一个主要问题——如果工资不灵活，依靠它来恢复充分就业就是不可能的。正因如此，衰退可以持续相当长的一段时间，像20世纪30年代的那样。这种自我纠正机制还基于一个重要假设，即总供给（商品和服务的总

银行倒闭后在银行外的人群。

供应）的变化会导致总需求（商品和服务的总需求）的变化。

凯恩斯主义理论

凯恩斯主义者的观点则是，企业生产更多产品是为了满足需求的增加。换句话说，总需求的变化导致总供给的变化。因此，凯恩斯主义者认为，商业周期是总需求变化的结果。尤其是私营部门投资和支出会出现随机且临时的波动，这些是经济活动波动的主要原因。对于凯恩斯主义者来说，解决方案很简单。当经济活动水平低迷时，政府应该减税，并向个人或组织借款（用于支出）。结果应该是人们的收入增加，政府支出增加导致就业增加，因而总需求增加。这反过来又导致消费者支出增加，因此企业增加生产。当经济繁荣时，政策应该正好相反。如此一来，凯恩斯主义者认为政府的职能之一是通过逆周期政策来缓和经济活动的波动。

真实经济周期理论

有关商业周期的第三种观点被称为真实商业周期理论。同古典经济学家一样，真实商业周期理论认为，总供给（而非总需求）的变化会导致经济活动的波动。然而，与古典经济学家不同的是，他们认为总供给的变化并非暂时性的。相反，他们认为总供给的变化代表着经济永久性的调整。比如，信息技术革命对生产技术和成本产生了深远的影响。这些变化是不可逆的，因此我们也没有理由相信这种变化的影响是暂时的。

因此，真实商业周期理论家认为，经济上行的原因是供给侧条件的改善，这鼓励了企业家投资；而经济下行是由供给侧条件的恶化引起，例如石油价格突然上涨将抑制投资。真实商业周期理论的一个重要理念是，政府干预经济以缓和商业周期波动是没必要的。这并不是因为经济能自我纠正，而是政府也无能为力！

经济损失和商业周期

除了失业造成的人力成本之外，经济学家还关注商业周期，因为这意味着整个社会的经济损失。经济损失有两种方式。首先，经济衰退和萧条期间的产出下降，这些失去的产出是永久性的。也有人提出（尽管并非所有经济学家都接受这一观点），当经济产出波动时，不确定性增加，这会阻碍企业家的投资。这意味着，如果与商业周期相关的波动能够得到平抑，投资将增加，这反过来又会刺激更大的经济增长。

经济政策与大萧条

从历史的角度看，大萧条的开始与1929年10月的华尔街崩盘有关，当时股价大幅下跌。然而，现代经济研究表明，美联储在1929年年初已经开始收紧货币政策，而且在股市崩盘后继续收紧货币控制。虽然多年来大萧条的货币原因并不明显，但股市的价值损失却是实实在在的。

现在经济界普遍认为，美联储不仅促发了大萧条，而且延长了萧条时间。美联储继续收紧货币政策，直接或间接地导致了美国各地银行大规模倒闭。20世纪30年代初，美国在罗斯福总统的新政政策下开始走出衰退，此时美联储又再一次收紧货币条件。美国经济再度陷入衰退，直到第二次世界大战前军费开支撤出后才得以复苏。货币经济学家虽然不同意凯恩斯对大萧条的分析，但一致认为经济分析未能阻止大萧条的发生，甚至没有缩短大萧条的时间。

监管与反垄断法

政府的一个重要经济职能是监管不符合公共利益的商业活动，比如需要制定法规来防止就业歧视、环境污染或产品安全问题。政府还需要制定反垄断法，防止类似价格垄断等反竞争商业行为。

许多类型的商业活动都要受到政府监管。比如法律禁止使用童工，保护工人安全，禁止基于种族、年龄或性别的就业歧视，以及规定最低工资标准。其他政府法规旨在保护消费者，比如确保产品安全，禁止向未成年人销售酒精饮料等。在医生开一种新药前，开发新药的制药公司必须证明其有效性。政府还要求许多从事医学、

药品的销售受到政府的密切监控，目的在于维持安全标准，并确保在确定药物可安全使用后方能向公众提供。

法律和学校教学等领域的人员获得资格证书。药物检测和专业许可是保护消费者的监管方式。

政府法规要求企业向消费者提供准确的信息。比如，食品加工厂需要在包装上提供营养信息，银行需要向潜在借款人提供利率信息。

政府也可能因外部性问题（如汽车和工厂的污染）而出台法规。

反垄断法是限制反竞争商业行为的联邦法律。这些法律禁止行业中的公司订立限定价格或限制供应等方面的协议，同时也禁止任何可能限制竞争、提高价格或限制选择的企业合并。如果唯一垄断企业可以以最低成本提供产品时（比如在公用事业领域），政府可能会授予某一家公司独家特许经营权，但会规范该公司对其商品或服务的收费。

当企业被要求遵守政府法规时，企业生产成本增加，这可能导致价格上涨。社会也承担了执行监管所需的行政成本。那些收益超过成本的监管符合社会利益。但在实践中，一些领域的收益很难衡量，比如预防不安全或歧视性行为等，并且将其与成本进行比较也是很难的。

租金和经济租金

大多数人认为租金是土地或财产所有者允许他人在自己的土地上种植作物或住在自己的房子里所获得的报酬。而经济租金则是完全不同的概念，它是指一种资源（如土地、劳动力或资本）获得的收益中高于其用于其他用途时能获得的最高收益的部分。

"租金"一词在经济学领域有多种不同的含义。在有些情况下，租金代表土地所有者所获得的收入。这里的土地是指一种包括土壤、木材、水、矿产和其他自然资源的资源类别。

相比之下，经济租金是指特定资源或生产要素（如土地或资本，收取的租金，或工人收到的工资）的租金高于该要素用于其他用途时所获得的收益部分。

顶级运动员可能获得高额经济租金。

例如，一块土地的所有者可将其以每年30000美元的价格租给企业建造工厂，或者以每年20000美元的价格租给农民养牛。在这种情况下，所有者将土地租给企业，租金为30000美元，但经济租金为10000美元,即30000美元减去土地利用次优选择20000美元。

一名足球运动员年收入300000美元。他能找到下一份最好的工作可能是在酒吧后面工作,年收入25000美元。在这种情况下,他收到的经济租金非常高,达到275000美元。

几乎所有的资源都有多种用途,因此经济租金的概念是社会资源分配的重要决定因素。就资本设备而言,比如卡车可用于运输新鲜水果,次优用途是运输成箱的鸡。就自然资源而言,比如木材可用于制造家具,次优用途可能是用作家用燃料。

寻租

经济寻租是指个人为开发新产品或寻找新方法以较低成本生产现有产品的努力。这些人会增加自己的经济租金,从而获得优于他人的经济优势。社会也会从中受益,因为这带来了更多种类的产品和更低的价格。

政治寻租包括个人、公司或团体以有利于自己的方式影响公共政策所进行的活动。如果成功,这些人会发现收入会直接或间接地重新分配给他们,而不是其他人。由于此类活动往往会用到宝贵的资源,但总体上却不会产生额外的产出或收入,经济学家认为政治寻租是低效的。

特殊利益集团(如烟草制造商、捕鲸者和石油工业)以及代表他们的游说组织投入大量时间和金钱来说服政府通过有益于他们的立法,即使此类立法可能会伤害其他人。这种情况的重点是将收入从一个群体转移到另一个群体,而不是为整个社会创造额外收入。

资源、经济

经济资源包含劳动力、土地、资本、企业家精神四类。经济资源也被称为生产要素。

每个社会所面临的最基本的经济问题是其生产要素的稀缺性。没有足够的经济资源（如制造物品的材料以及完成这项工作的人和机器）可用于生产社会成员想要拥有的所有商品和服务。一方面，资源是有限的，但另一方面，人类的需求却是无限的。因此，个人和社会必须思考如何最好地利用他们的资源，无论是基于个人喜好还是政府政策。

每个国家都有其独特的土地、劳动力、资本和企业家精神的分布。因此，一个经济体可以生产的商品和服务类型因国而异。国际贸易让各国能够专业化生产他们拥有合适资源的商品和服务，同时让各国从国外购买他们所需要的其他产品和服务。拥有大量资源的国家可能比拥有少量资源的国家能够创造更多产出和更多的收入。

农业汇集了所有类别的经济资源：土地、种植作物农民的劳动力、种植和收获作物的资本设备，以及农民创业的企业家精神。

衡量一个国家的劳动力资源质量有几个维度。一个国家的人口规模在确定劳动力的总体规模方面非常重要，同时经济学家也会通过考虑其他因素来进行判断，如教育、营养、劳动力的性别和年龄分布等。经济学家将社会的教育和培训水平，以及劳动力所获得的知识数量称为人力资本。

土地资源由一个国家全部自然资源组成，不仅包括土地本身，还包括水、矿藏、木材、石油和清洁空气等。一些资源（比如某些种类的树木）是可再生的，其他一些资源（如渔业资源等）需要一段时间方可再生。而像石油和煤炭这样的资源是不可再生也无法替代的。

一个国家用来帮助进行更有效生产的工具、工厂和机器被称为该国的资本资源。资本资源是用于生产其他商品和服务，但在生产过程中没有用尽的商品。例如，缝纫机被用于制作牛仔裤，但即使在制作数百条牛仔裤后该缝纫机仍可继续用于制作更多牛仔裤。在资本主义中，货币有时也被称为资本，但在经济学术语中，资本指的是一种生产资源。

企业家精神有时也被视为劳动力的一部分，它指的不是某个事物，而是一种能力和态度。企业家精神指的是一些人愿意冒险开发新产品、新生产工艺、开创新业务等的意愿。企业家精神有多种表现形式，可能是大公司测试一种新的汽车模式，也可能是一对夫妇在当地开店。这些活动之所以非常重要，是因为它们推进了经济活动和知识的发展。每一代企业家都会从前辈的成功与失败中汲取经验教训，但所有企业家都或多或少面临失败的风险。

收入

企业通过向客户销售商品和服务来获取收入。总收入是企业从销售其商品和服务中获得的全部收入。它是商品或服务的单价乘以该价格所销售的数量（$P \times Q$）。

由于收入由价格决定，因此它也与需求密切相关。公司必须知道其商品和服务的需求是什么，才能去计算商品和服务的价格和生产的数量。需求是价格和数量之间的关系，公司如果知道其产品的需求，那么就能够计算出在可能价格范围内的收入。

经济学家用多种方法分析收入。平均收入是每售出一件商品所获得的收入。它是产品或服务的平均价格，不考虑单价变化等因素。平均价格由总收入除以所售商品总数量计算得出。边际收入是指销售额外一个单位产品所获得的收入。

企业的平均收益曲线与企业的需求曲线相同。以图34为例，价格在18000美元时，二手车的需求数量为2。此时的平均收益是总收益（36000美元）除以汽车销量，因此，公司销售两辆汽车的平均收入为18000美元。

图34体现了二手车企业所面临的平均收益曲线和边际收益曲线。随着价格的下降，单位收入也下降，因此平均收入或需求曲线向下倾斜。边际收益曲线也向下倾斜，但比平均收益曲线斜率更大。这是因为每多卖出一单位的汽车所带来的额外收入比前一单位要少。

经济理论

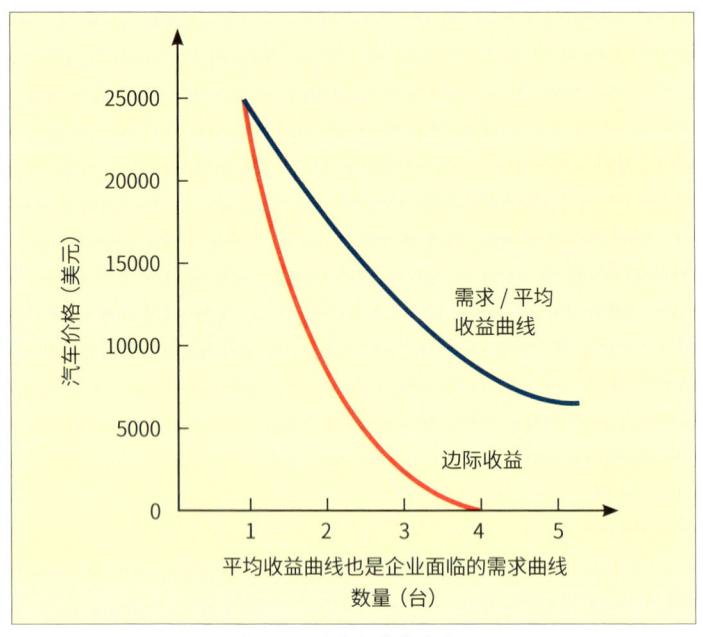

图34 二手车经销商的收入

弹性和非弹性需求曲线

公司的收入部分取决于客户对其产品的需求对价格变化的反应程度,这反过来又取决于公司产品的需求曲线的弹性。如果需求不具有价格弹性,那么公司上调价格也不会导致需求的大幅减少。因此价格上涨一定会增加公司收入。比如汽油缺乏价格弹性,即使价格上涨,人们也无法大幅减少对于汽油的消费。有些人可能开始使用公共交通,步行或骑车出行,但货车依然需要燃烧汽油,而且许多人依然需要开车上班。汽油价格上涨将增加石油公司的收入。

如果需求具有价格弹性,情况则完全相反。公司提高价格会导致需求显著下降,收入相应减少。比如漫画书的价格上涨,许多读者可能因为价格过高不购买漫画书。

储蓄与投资

国民收入核算将储蓄分为私人储蓄和公共储蓄两类。私人储蓄是家庭在交税和消费后所剩余的收入。公共储蓄是政府开支后剩余的税收收入。私人储蓄和公共储蓄的总和称为国民储蓄。

大多数人认为储蓄和投资是一回事。然而在经济学中,投资是指资本存量(如工具、机器、工厂等)的增加,或任何其他旨在增加未来产出的支出。

假设詹妮弗的收入高于消费,并且她将余下的收入存入银行或购买公司的股票或债券。由于她的收入高于消费,剩余的收入即是储蓄。她可能认为自己在"投资"其余的收入,但在经济学中,她实际上是在储蓄而不是投资。

大多数用积蓄购买股票的人认为这是一种投资形式。然而,从经济学角度来看,这其实属于私人储蓄。

投资是指购买新的实物资本,如机器、建筑或房屋。当吉姆从银行贷款盖房子时,他增加了国家的投资。同样地,如果卖给詹妮弗股票的公司用所得资金启动一个新项目,这也增加了国家的投资。

从可贷资金的供给和需求角度来看，储蓄和投资就很容易被理解了。储蓄是贷款的供给；投资是对贷款的需求。一个人的储蓄与另一个人的投资相匹配是通过各种各样正规的金融机构进行的，如银行、信用合作社、保险公司、养老基金，以及股票和债券市场等。这些机构将储蓄分配给那些需要资金购买实物资本的个人或公司。实物资本对于消费者来说可能是房屋和汽车，对于公司来说可能是机器和工厂。个人可以通过购买公司债券和股票出借其储蓄。他们也可以将储蓄存入银行，银行再向其他个人或公司提供贷款。

储蓄和投资取决于可贷资金的价格，即利率。利率反过来又取决于流动性和风险。我们可以从个人、企业或国家的资产和负债的角度来看待这些因素，资产和负债共同决定财富。

资产代表财产或对财产的权利，而负债是指欠他人的债务。资产包括现金、银行存款、公司债券、政府债券、股票、房屋等，它们的流动性都是不同的。流动性是指资产与其他商品交易的难易程度和交易速度。

现金和活期存款等流动性很强的资产可以很容易地用于任何交易，而对于房屋等流动性较低的资产来说这是不可能的。

资产根据其流动性和风险水平有不同的回报率，即利率。具有高流动性优势的资产通常利率较低。另外，为了说服储户持有风险资产，其利率往往更高。所以说，股票因为风险更大，平均利率高于债券。同样地，公司比联邦政府更有可能违约，因此公司债券的利率比政府债券略高，长期债券利率通常高于短期利率，因为储蓄者的钱在较长时间内被套牢且流动性不足。

一般来说，储蓄与利率水平呈正相关。也就是说，资金的回报率越高，人们就越愿意储蓄。然而，流动性和风险也是必须考虑的重要因素。储户必须在高利率的优势与短期无法动用储蓄的成本之间进行权衡。他们也必须权衡高利率的好处和损失本金风险的成本。

另一方面，投资与利率呈负相关。如果为投资融资的借款价格较低，公司和企业更有可能进行投资。储户提供他们的剩余收入，希望能够得到利息的回报。通过这种方式，他们为未来的购买力提供了保障。投资者需要可贷资金，因为今天增加投资的收益可能为他们在未来提供了额外资本。这一收益远远超过他们支付给储户的利息成本，否则投资者也不会这样做。因此，金融市场具有将现在与未来联系起来的独特作用。

储蓄和投资是经济增长的关键因素。当一个国家将大部分国内生产总值储蓄起来时，更多资源就可被用于资本投资，更高的资本水平会提高一个国家的生产率和生活水平。

挖掘机械在波兰挖掘运河。公司投资此类资本设备所需的资金由储户提供，这些储户将未使用的收入存入银行，或购买债券或股份。

经济理论

稀缺性

稀缺性是经济学中最基本的概念。稀缺性问题是由于没有足够的经济资源来满足人类的所有需求或欲望而引起的，经济学中所有不同的主题都直接或间接地与稀缺性问题相关。

稀缺性的存在是因为个人和社会的需求超过了其所拥有的资源，即劳动力、企业家精神、土地和资本。由于稀缺性，这些生产资源或生产要素存在许多相互竞争的用途。比如土地可以用来种植庄稼，也可以用来建造住宅区或停车场。我们必须对生产要素的使用做出选择，因而其他的需求还没有得到满足。稀缺性是某些商品或服务成本高于其他商品的原因。如果每个人都拥有足够的资源，那么所有商品都不会有价值的高低。

曼哈顿的部分地区是世界上房价最高的地方，因为这里对于房地产的需求很高，但建造房产的土地却相对稀缺。

所有经济因素都受到稀缺性的影响。第一类有限的资源是劳动力。为消费者生产商品和服务所需的劳动力或人力资源受到人口规模、工作年龄，或者是教育水平和培训不足的限制，比如制造汽车和服装或提供服务的人员、教师、医生等。企业家精神也是一种有限的因素，通常被看作劳动力的一个部分。企业家精神受到同样因素的限制，另外还可能受到政治上的阻碍。

第二类有限的资源是土地，包括土地本身以及矿产、石油和水等自然资源。不同国家拥有不同的土地和资源。比如有些国家拥有大量石油储备，有些国家拥有大量耕地，但有些国家就没那么幸运了。最后一类有限的因素是资本商品，即用于生产消费者需要的商品和服务的工厂、设备和工具。

个人、企业、社区乃至国家都会面临资源稀缺。由于稀缺性的存在，这些群体必须要做出选择，并且要尽可能选择一个能产生最大利益的替代方案。当个人或企业做出选择时，次优的替代方案（机会成本）就会被放弃。人们每天需要做出许多与稀缺性相关的决定。比如，某学生明天要参加经济学考试，而今晚他准备看一个很受欢迎的电视节目，而不是学习。时间具有稀缺性，因此这个决定的机会成本是没有准备经济学考试。一个城市的议会决定在一块空地上建造社区公园，而不是新工厂。一个国家决定将更多的公共资金用于州际公路、教育，而不是国防。

决策都是必要的，无论是大是小，关系到个人还是全球。这是稀缺性决定的，即消费者需求的无限性和资源的有限性。

社会主义与计划经济

社会主义是一种经济和政治理论。该理论主张集体或政府对社会所有资源和生产要素享有所有权和控制权。社会主义理论还主张商品和服务应由政府而非市场力量进行分配。

社会主义起源于马克思主义理论。该理论认为社会主义是社会从资本主义向共产主义发展的过渡阶段。在这一阶段，商品和服务的分配仍不平等，仍遵守按劳分配而非按需分配。共产主义是人们"各尽所能"，资源"按需分配"的最终阶段。

苏联的共产主义创造了中央经济。主导经济政策的是政治考量，而不是利润考量。

计划经济是按照共产主义或社会主义原则运行的经济模式。在计划经济中，政府通过计划制度分配资源。

尽管马克思对于何种体制将最终取代资本主义的回答颇为含糊，但他确实明确指出资本主

马克思主义理论

马克思主义经济学是经济学家和政治哲学家卡尔·马克思（Karl Marx）的著作，对经济理论和实践都产生了深远的影响。他对资本主义的批判创立了一个独特的经济学流派，该学派不仅影响了共产主义国家，也影响了世界上大多数国家的经济政策。马克思认为经济由两个相互依存的部分组成——生产资料与生产关系。生产资料提供生产的技术能力，生产关系提供生产得以发生的内部结构。马克思认为生产关系是以阶级为基础的，历史是阶级斗争的历史。

资本主义的主要关系是资本家与劳动者之间的关系。资本家拥有生产资料，而劳动者只拥有自己的劳动。我们可以从劳动价值理论中看出这一关系的重要性。商品具有使用价值与交换价值。使用价值因人而异。那是什么将不同的商品联系起来，让它们可以在价值上进行比较和交换呢？马克思认为，商品之间的联系在于它们都是劳动的产物。因此，商品的交换价值就是生产该商品的劳动价值。在资本主义制度下，工人将自己的劳动出售给资本家，而资本家从工人劳动产生的交换价值中获益。

资本家用货币购买生产资料，即工具、设备、土地、原材料和劳动力。当这些要素结合起来时，最终产品具有更高的价值，资本家便从中获益。马克思认为资本家可以通过这种方式获益的原因在于，劳动力且仅有劳动力能够创造比其成本更多的价值。一个工人每天可以工作12小时，但只有6或7个小时的工资。生产过程创造的交换价值——高于该生产过程所使用的劳动交换价值的价值——称为剩余价值或利润。只有资本家通过控制生产资料而从这种剩余价值中受益。然而，创造剩余价值的是工人。马克思认为这是对劳动力的剥削。

这种剥削导致了工人和资本家之间的竞争。资本家试图提高剥削率从而提高利润，而工人试图抵制这种做法。但资本家之间也需互相竞争利润。这让资本家不停寻找新技术来获得优于其他资本家的优势，并提高剥削率。

马克思基于他对当前和以前经济组织方法的分析对资本主义的未来作出预测。他认为资本主义存在矛盾，会遭受危机，最终会毁灭。资本主义创造了工人阶级，而工人阶级需要并且会通过革命创造新的生产方式。

义必将衰败，终将进入社会主义阶段，然后再适时进化为更加完善的共产主义。共产主义将消除阶级斗争，成为一个无阶级社会，最终国家或政府形式将完全被废除。

计划经济

在计划经济中，所有的经济决策都是由政府做出的。这种经济往往由政府管理，在理论上政府希望实现更大的经济平等。通过计划，商品和服务可以满足该国所有公民的需求，而不仅是为那些负担得起的人服务。

尽管我们通常将计划经济与苏联联系起来，但即使是美国在第二次世界大战期间也有计划经济的成分。如今大约25%的美国商品和服务是由政府生产的。

在计划经济中，工人拥有生产资料。代表工人阶级的政府通过各种计划机构，指定年度或五年经济计划。这些经济计划是基于政府统计人员上年度的统计数字得出的。

为了在计划经济中规划生产，政府会评估其资产，即工人、土地、原材料和资本设备，并决定使用这些资产生产何种商品。接着，政府将这些信息传递给进行生产的企业，并将必要的资源分配给这些企业。

政府还会分配生产出来的商品和服务。政府对人民的需求进行预估并据此提供产品。国家还可以在生产过程中优先安排国家商品，如武器和国防设备，或是公共产品的生产，如免费医疗等。

在计划经济中，劳动力是通过工会来控制。工人受到传统奖励措施（如生产奖金）的激励。这是传统或苏联模式的计划经济。后来，其他共产主义或社会主义国家试图通过下放计划，允许工人自我管理并使用道德激励。

充分就业

从本质上讲，社会主义者认为政府可以对经济生活的方向作出理性决定。与亚当·斯密提出的"看不见的手"相比，政府能够更公平地分配资源。大多数计划经济提供充分就业。而且与自由市场经济相比，计划经济实现了更大的收入平等。苏联的计划制度也为快速工业化提供了条件。然而，这些制度往往不能提供人们想要的商品，产品质量也不尽如人意。

T-34坦克生产线

经济理论

专业化与分工

分工是专业化形式的一种，每个工人只完成整个生产过程中的一小部分工作。专业化还可能涉及机器被设置来仅执行某个特定工作，或土地被用于专门生产某一产品。

工人专注于生产过程的一部分，这种做法通常更快也更节约成本。

随着劳动的分工，工人对他们有限的工作内容越发熟练。由于不需在不同工作之间来回切换，工人也可以更快地完成工作。这将为整个国家带来更多的财富。《国富论》作者亚当·斯密在别针的生产过程中发现了劳动分工的优势。他发现，如果工人要负责生产别针的整个过程，那么一个工人每天只能生产几个别针。然而，如果对不同工作内容进行分工，工人专业化再加上机器的使用，10个人一天可以生产48000个别针。因此，专业化最终提高了效率和生产力，进而提高了生活水平。

除劳动分工以外还有其他形式的专业化。像机器人和计算机等机器用来完成特定的工作。不同地区由于其特定的自然资源和气候，往往会发展特定的产业。比如，拥有大片森林的地区可能会发展木材工业，而在法国和美国加利福尼亚的气候下，葡萄庄园能够种植出优质葡萄来制作美酒。

随着生活水平的提高以及社会变得复杂化，专业化也在不断增加。我们对比一下几十年前和现在的美国农场。从历史上看，农场几乎是一个自给自足的经济实体，农民在农场里养猪、牛、鸡等家畜，同时也种植蔬菜、玉米和水果。如今的现代农场更加专业化，比如奶牛场、小型谷物场或肉牛场。这种农业专业化程度的提高在很大程度上解释了现代农场高产的原因。

专业化建立了互相依赖的关系网络。由于人们专门从事特定商品或服务的生产，因此对自己无法生产的产品，他们需要依赖别人。这需要贸易的发生。当贸易双方都希望从中获益时，贸易就会发生。个人、社区、地区和国家之间都会发生贸易。国家也会专业化生产某些商品和服务，出口那些它们具有比较优势的产品，比如美国的农产品出口享誉世界。正如个人因分工而受益于贸易，国家也因专业化和国际贸易而享有更多的财富。

经济理论

股票与股份

一家公司的股票是其资产在特定时间点可用于投资的资本和资金的价值。股份是公司股票的一部分。

大多数公司通过销售产品获得的收入来支付日常运营成本。但公司可能还需要资金用于进一步的投资，可能是开发新产品，购买新工厂或为研发提供资金。为了筹集这笔资金，他们可以从现有（留存）利润中提取，也可以从银行或其他金融机构借款，或出售公司的股票。

公司发行股票是希望这些股票能吸引投资者。反过来，投资者也希望他们投入资金后公司更加赢利，因而他们的投资可以产生收益。如果公司获得盈利，投资者将获得公司利润的一部分（股息），股息与他们拥有的股票数量（持股）成正比。例如，一个人购买了一家公司的250股股份，该公司总发行量为10万股，而一年的总股

不直接从公司向投资者交易的股票会在股票市场上交易，比如伊利诺伊州的芝加哥商品交易所。

利为1万美元，那么该股东会收到25美元的股息。这笔股息将在公司财年结束时支付给股东。股东仍然持有股份，将在下一年进一步产生收益。

在现实中，很多股票不是由公司直接卖给投资者，而是在股票市场上进行交易。如果上述公司的10万股全部售出了，而且公司利润很高，那么这些股票可能会受到其他想要分一杯羹的投资者的高度追捧。这种需求会导致股票价值超过其面值——1美元的股票可能会以多倍的价格在股票市场上易手。因此，除了通过股息获得的利润之外，股东也可以从股票市场价值的增加中受益。

投资者可能会通过购买一家目前处境艰难的公司股票来投机，希望其业绩会有所改善，从而获得利润。当长期业绩良好的公司短期业绩不佳时，有些人相信公司会有转机，因此会投入新的资金。

股票市场的另一个特点是，市场全由观念决定。换句话说，如果很多人开始购买某一公司的股票，那么其他人可能会认为这些新投资者知道什么他们不知道的事情，于是也会购买该公司的股票。这会推动该公司股价上涨。如果许多投资者突然决定出售股票，这可能对其他投资者和股价产生相反的影响。

供给曲线

在一段时间内（如一天或一周），以每个价格出售的商品或服务的数量叫作供应量。决定产品供应量的主要因素是价格。通常情况下，随着产品价格的上涨，供给量上升——也就是说，随着价格上涨，供应商将生产更多的商品或服务。

如果一家公司以相同的单价出售其全部产品，在这种情况下，每单位销售的利润就是产品价格与其平均生产成本之间的差额。比如一家公司以每件10美元的价格出售其产品，平均每件产品的生产成本为8美元，那么公司每售出一件产品的利润为2美元。如果公司每周销售1万件产品，那么公司的每周总利润为2×1万=2万美元。

这家公司每周生产的包装食品数量取决于其产品的价格。如果价格上涨，该公司将向市场供应更多食品。

现在假设出于某种原因，产品的价格上升至11美元。如果该公司每周继续生产1万单位的产品，那么其每周利润将上升到3万美元。这是个相当显著的增长，而且公司所有者或经理可能还想赚得更多。要达到这个目标，他们需要增加每周的产量。这似乎很容易，但如果公司想赚更高的利润，为什么不简单地将产量从每周的1万件增加到1.5万件呢？要回答这个问题，我们需要了解平均成本如何随着产量的变化而变化。

产出和成本

当公司增加产量时额外的成本会产生。比如，他们需要购买更多原材料。然而，成本不太可能与产量成比例地增加。事实上，收益递减规律告诉我们，在短期内随着公司使用额外生产要素，平均产出下降。如果平均产出随着产量增加而下降，平均成本必定上升。表5展示了公司A的平均产出与平均成本之间的关系。

在制作表5时，我们假设公司能够以相同的价格购买或租赁额外的投入。

表5 公司A的产出和成本

产出	投入数量	平均产出	投入总成本（美元）	平均生产成本（美元）
2000	10	200	5000	2.50
3000	20	150	10000	3.33
3600	30	120	15000	4.10

推导供给曲线

公司A每周供应量取决于其产品的销售价格。如果我们假设成本包括公司要求的最低利润水平,那么当每单位利润为3美元时,公司A的供应量将在2万到3万单位之间。当利润为4美元时,该公司的供应量在3万到3.6万单位之间。随着价格上涨,该公司对市场的供应量增多,但所有其他生产这种产品的公司也是如此。而且,供应随价格的上涨而增多还有另一个原因。每家公司的效率水平不同。效率低的公司生产成本较高。表6展示了与公司A生产相同产品的公司B的数据。

表6 公司B的产出和成本

产出	投入数量	平均产出	投入总成本（美元）	平均生产成本（美元）
2000	15	133	7500	3.75
3000	25	120	125000	4.17
3600	35	103	175000	4.86

当利润为每单位2.5美元的情况下,公司B的供应量为0。当利润为4美元时,公司B的供应量在每周2000到3000单位之间。如果市场上只有这两家公司,在2.5美元的利润下,公司A的供应量就是整个市场的供应量。但是当利润为4美元时,市场供应将由公司A和B的总产出共同组成。显然,我们发现当产品价格上涨时,成本高的公司也能获得利润,这些公司也将投入生产。因此,我们能够得出如图35所示典型的市场供给曲线。

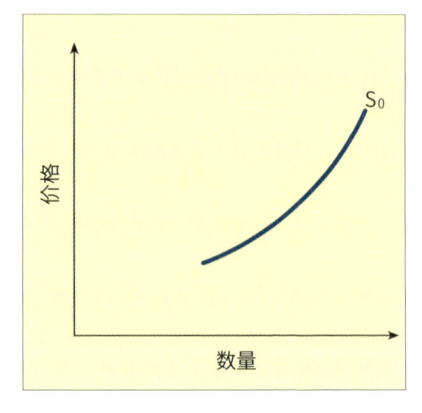

图35 市场供给曲线

成本变动的影响

类似图35的任何供给曲线都是在假设成本既定的前提下形成的。假如因为投入成本的增加,所有公司在任何产出水平下,成本都在上升,会发生什么呢?答案很简单。在价格给定的情况下,企业无法提供与以前相同的供应,因此供应将减少。在图36中,供应曲线从S_0移动到S_1。如果在任何产出水平下,成本都下降,那么情况就会完全相反,供给曲线将从S_0移动到S_2。

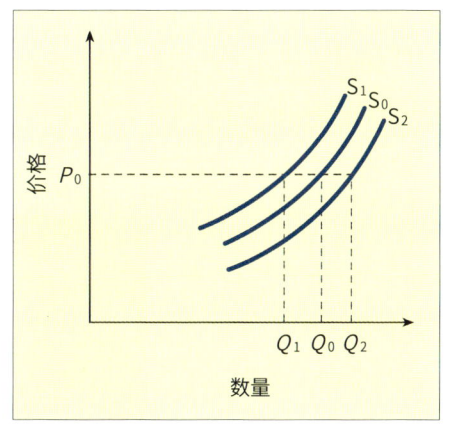

图36 成本上升或下降的影响

时间和供应

我们已经讨论了供应量会对价格变化作出反应,但我们还没有考虑到这种反应所需的时间长度。

经济学家认为,瞬时太短,供给无法即时作出反应——换句话说,供给在瞬时期间完全没有弹性。然而,在短期内,随着更多可变的生产要素的获得,供给可以增加。因此,一家生产加工食品的公司可以购买更多的水果、蔬菜、肉类等。最后,在长期情况下,公司能够获得额外数量的所有生产要素;因此,供给在长期是最具弹性的。比如公司可以收购另一家工厂,或者雇用更多劳动力。

经济理论

税制、税收和补贴

税是政府对个人和组织征收的费用。税通常取决于收入、利润或商品和服务的价值。

税收有两个主要原因——增加政府收入和纠正市场失灵。与税收相反，补贴是政府支付给生产者的资金。

税收有两个主要目的——为政府在公共产品和服务上的支出提供资金，以及重新分配财富。

由于纯公共产品和混合产品高昂的预备成本、搭便车问题和正外部性等属性，指望私营企业提供这些产品是不现实的。因此，像警察、国防、教育和医疗保健等商品是由政府通过中央税收收入来出资或补贴的。

财富在整个经济体中的分配并不平均。有些人难以温饱，而有些人生活舒适且有闲钱。收入再分配并不是直接进行的，而是通过税收的方式进行的。通过向那些有收入或利润的人征税来为失业救济等社会福利提供资金。

增加收入的一种可靠的方法是对人们不得不购买，或认为自己必须购买的奢侈品征税。

纠正市场失灵

在市场中，当私人成本和社会成本之间存在差异时，社会效率低下的结果就会产生。这种差异是指个体生产者生产活动的成本和整个社会承受的成本之间的差异。例如个人生产者在燃烧生产过程中的废料时的成本、给个人生活带来的影响，以及给环境造成破坏的空气污染的成本等。

政府可能会通过对生产者征税来纠正这种不平衡，例如对焚烧废料收取费用。这种税收增加了生产者的成本，使得私人成本更接近社会成本。这让市场向更有效的社会均衡发展。

直接税和间接税

税收有直接税和间接税，累进税、累退税和比例税。

直接税是个人或企业在获得收入时有义务自动缴纳的税种。直接税包括个人所得税和营业税。间接税是对商品和服务所征收的税种。当个人选择购买某类包括此税种的产品时，间接税支付就会产生。因此，与直接税不同，间接税是可以避免的。间接营业税主要有消费税和销售税。假设纽约一家酒店一晚的房间价格是100美元。政府征收10%的消费税。

累进税是指富人比穷人缴纳更大比例的收入的税。美国的个人所得税制度就是累进税。累进税通过向富人征收比穷人更高额的税款来缩小贫富差距。因此个人所得税可以被用来进行财富的再分配。

但是，提高税率可能会抑制工作积极性。如果你的大部分额外收入都流向了政府，那么你可能会觉得赚取额外收入不值得。

而累退税则是穷人支付比例更高的一个税种。比如20世纪80年代末在英国引入的"人头税"，无论收入水平如何，均按统一的税率收取。对这种征税形式的主要反对意见是：如果你的年收入为2万美元，那么征收800美元税款，你支付的比例要比你在年收入4万美元时更高。这种税收对于穷人的影响是不成比例的。间接税是累退的，因为它是基于产品价值，而不是收入。一个富人要比穷人更能够承受价差。

比例税，顾名思义是对所有收入水平征收的恒定比例的税种。因此，比例税是介于累进税和累退税之间。比例税让税收义务与个人收入成正比。因此，年收入10万美元的人所支付的比例税是年收入1万美元人群的10倍。

税收和弹性

因为间接税可以通过选择不消费或购买免税产品来避免，因此政府对需求缺乏弹性的产品（即没有真正替代品的产品）征税是更有效的方式。由于间接税提高了产品的售价，如果该产品具有需求弹性，那么对其征收的任何税款都会减少销售额。因而增加的税收收入会比较低，这违背了征税的目的。但是如果产品缺乏需求弹性（如烟酒等产品），价格上涨只会导致销售额略微下降，而增加的税收收入会更高。

鉴于产品的需求会随着对产品税率的提高而下降，因此最优税率是指使得税收最大化的税率。如果税率超过一定程度，销量的下降将超过每单位税收收入的增加，总税收收入会随之下降。图37以图形方式展示了税收的效果，这就是所谓的"拉弗曲线"（Laffer curve）。

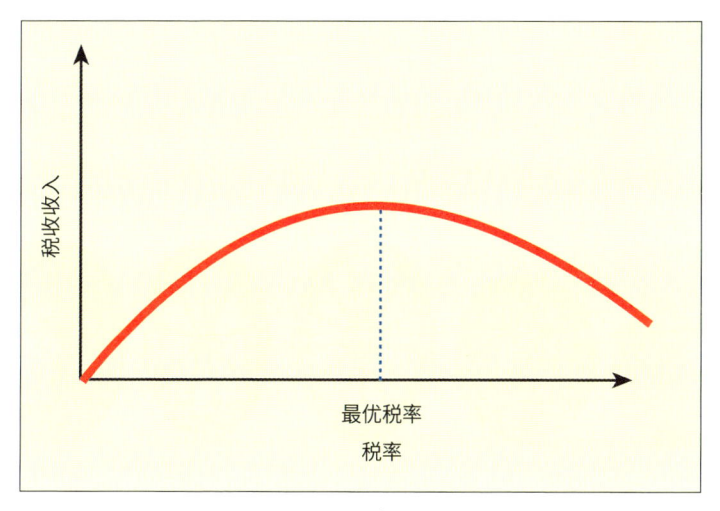

图 37　拉弗曲线

经济理论

技术

技术是为生产产品和服务而把不同资源组合起来的一整套方法。技术创新能让公司提高其现有土地、劳动力和资本资源的生产力。

技术有助于提高效率。比如会计如果拥有了计算器,那么她的工作效率要比仅仅用纸笔计算数字更高。同样地,如果农民可以使用联合收割机,那么他的生产力要比手工收割庄稼更高。在这两种情况下,每单位投入所得的产出都因为技术的运用而提高。

技术是经济的重要组成部分,因为它是一个国家提高商品和服务产出的一种重要途径。技术的获取和技术的改进对经济增长至关重要。

假设一个农民有一块固定的土地自己耕种,他只种植棉花这一种作物,通过人力进行种植,用水桶从井里打水来灌溉。他也通过人力来收割棉花,用铁锹犁地以便来年继续种植作物。他像这样每天工作10小时,可以在大约一半的土地上种植棉花,每年可以产出五袋棉花。

车轮的发展无疑是人类历史上最伟大的技术进步之一,但这一伟大的发明经过了数千年的技术改进。

现在假设这个农民决定从土地上生产更多棉花，他每天依然工作10个小时，但只花其中8个小时用来耕地、种植和灌溉，每天留出2小时来铺设灌溉管道、开发水井泵和设计畜力犁。这一年，他只收获了四袋棉花。但第二年，他可以用畜力犁更快更高效地开垦土地，用水井泵抽水沿着灌溉管道对作物进行更有效的灌溉。通过开发和运用这些技术，这位农民在第二年收获了八袋棉花。

在上述情况下，农民简单地再买一把铁锹或者水桶来运水不会对其产出产生任何影响。然而，通过获取或开发技术来提高他资本资源的质量，这位农民提高了他自己和土地的生产力。

这对个人如此，对国家也是如此。当一个国家希望扩大其商品和服务的生产时，它需要做的不仅是将更多的土地和自然资源与更多的资本和劳动力结合起来，国家还需要确保提高各类资源的生产率。对于任何劳动力和资本设备库存的增加，技术的进步都将加速经济的增长。

经济理论

贸易与国际贸易

人们自有史以来就互相进行交易，先是邻居之间，部落之间，接着是城镇之间，地区之间。

在早期，贸易广泛采用易货交易的形式，即将一种商品或服务换成另一种商品或服务。然而在这种简单的形式下，易货交易是极其有限的。如果要实现易货交易，经济学家所说的双重需求巧合就必须存在。比如，想以肉换布的人需要找到一个有布且愿意用布换肉的人。易货交易还引起了如何对商品和服务进行定价的问题。这

一艘旧东印度商船的复制品，位于瑞典的旧港口。这种船只是19世纪欧洲与亚洲开展贸易的载体。

些问题在史前社会可能没有那么严重，但随着经济的发展和可交易产品和服务数量的增长，这个问题变得更加尖锐。解决方案就是货币的发展。货币提供了一种交易手段和估值的方法，让贸易得以发展和繁荣。

随着人们寻求更高生活水平，本地化贸易迅速发展至世界范围的贸易。人们购买自己无法或不愿生产的产品，反过来出售他们所生产的商品。北美殖民地出口的第一种商品是动物毛皮，后来出口到英国的包括烟草、糖和棉花。美国早期进口的商品（即从海外购买的商品）包括直接

发展中国家高度依赖原材料的出口。但原材料的问题在于其价格的涨跌速度比制成品快得多。

从南欧和加那利群岛进口的葡萄酒和盐。奴隶是早期美国最大规模的进口商品之一。

多年来，关于一个国家参与国际贸易最有利的方式存在不同理论。在17世纪，许多人认为国家出口最好多于进口，这样可以用盈余购买金银来增加财富。同时，禁止某些产品的进口或对某些进口产品征高额税款，国内市场也得到很大的保护。后来，经济学家认为，应当允许国际市场自由支配贸易，各个国家应专注于生产那些生产效率较高的产品。

对参与国际贸易的限制较少或者没有限制的经济体被称为开放经济体。国家之间的开放程度可以通过其出口占国内生产总值（GDP）的百分比来估算。例如，美国是世界第一大出口国，1996年美国的出口额超过6000亿美元，这比第二大出口国德国高出近1000亿美元。而1996年美国的出口额仅占GDP的12%，远远落后于许多欧洲国家。与此同时，荷兰的出口占其GDP的56%，但总价值不到2000亿美元。美国是世界上最大的经济体，其庞大的经济规模和进口额（1996年超过8000亿美元）掩盖了贸易极其重要这一事实，即使从其占GDP的百分比来看似乎并非如此。

自1945年第二次世界大战结束以来，国际贸易迅速增长，对世界经济的重要性日渐提高。部分由于发达国家和发展中国家的财富都在增加，部分受益于技术的长足进步，货物运输比以往任何时候都更加安全、高效、便宜和快捷。然而，更重要的原因在于许多国家降低关税和其他贸易壁垒的共同决心。一些国际组织在第二次世界大战后迅速成立，以改善世界秩序，其中包括国际货币基金组织（IMF）、世界银行和关税及贸易总协定（GATT）。这些组织旨在消除关税和配额等贸易限制，创建一个真正的全球市场。

贸易模式的变化意味着某些商品和服务的世界价格会有不同程度的变化。这将对不同的国家产生不同的影响，具体的影响取决于该国出口和进口的产品类型。

此消彼长

如斯里兰卡、智利、巴西和马来西亚等发展中国家通常依赖铜、锡、咖啡、糖、橡胶和木材等原材料或初级产品的出口。这些原材料的价格会比制成品价格上涨得更慢（或下降得更快）。这些价格波动会影响该国的贸易条件——出口价格与进口价格的比率。因此，如果世界市场咖啡价格迅速下跌，贸易条件将对巴西等咖啡出口国不利。然而，这种价格下跌将使得贸易条件有利于生产和出口制成品的国家，如美国。他们的汽车、电脑等产品的出口仍会获得不错的价格，同时美国还可以用更低的价格进口咖啡。

经济理论

转型经济体

转型经济体是一个适用于苏联和东欧国家的术语。这些经济体正在经历从计划经济体制转变为更加以市场为导向的体制的过程。

随着苏联的转型,其东欧各国也开始发生变化。保加利亚、捷克斯洛伐克、东德、匈牙利、波兰和罗马尼亚的领导人相继开始实施政策,使国家从计划经济转向更市场化的经济体制或混合经济。

在这个漫长而往往痛苦的转型过程中,所有前社会主义国家都得到了国际货币基金组织(IMF)的财政支持,也获得 IMF 新古典经济学家对于经济转型的建议。

布达佩斯的大市场大厅。匈牙利是最早获得自由市场经济潜在利益的前社会主义国家之一,其他东欧国家并没有那么成功。

休克疗法

作为 IMF 规定的"休克疗法"的一部分，前社会主义国家政府需采取一些措施，包括：

- 价格自由化——价格不再由政府制定，而仅由市场机制决定。
- 取消政府对国有企业的补贴。对这些公司施加严格的预算约束，防止其产生坏账。
- 允许自由建立和经营私营企业，一些政府所有的公司被私有化。
- 经济体需倾向于生产出口商品，并且必须对外国投资更加开放。
- 政府采取旨在创造稳定宏观经济环境的货币政策。

欧洲所有前社会主义国家都或多或少地，以不同的速度遵循了这些政策。

由此产生的影响是巨大的。由于高度关联的公司之间的联系破裂，各国的政府或公共部门都无法发挥作用，而私营部门的出现也相当缓慢。结果是：产出迅速下降，此前未知的失业率攀升，储蓄失去价值，退休的老人发现他们的养老金变得一文不值。

在部分国家，尤其是捷克和匈牙利，产出的下降在数年后开始放缓，增长得到了恢复。这些国家有信心，也有西方的支持，能够遏制对改革的反对意见。然而，在其他国家，强大的利益集团迫使政府维持对大型国有企业的补贴和支持，而犯罪分子控制了私营企业，制造了黑帮恐怖主义。在多年的转型后，只有少数的前计划经济体成功地完成了从计划经济向市场经济或混合经济的转型。

失业

失业是劳动力的供给超过了需求，即寻求就业的人数超过了就业岗位数量。

在高效的市场中，供给量的过剩会导致商品（在这里该商品为劳动力）的价格下降，直到需求量增加且供给量下降到市场出清为止。许多经济学家认为，失业现象表明市场失灵。

经济学家认为，市场失灵的发生是因为劳动力价格（即工资水平）被人为地保持在较高水平（即图38中W位置），从而阻止劳动力价格跌至供给量等于需求量时的均衡水平。失业（u/e）是在W（L_s）处的供应量和W（L_d）处的需求量之间的差值。由于工会压力，法律法规或最低工资法等因素，工资水平被人为地提高。虽然这些因素保证了就业者更高的工资水平，同时也限制了就业机会本身的数量。

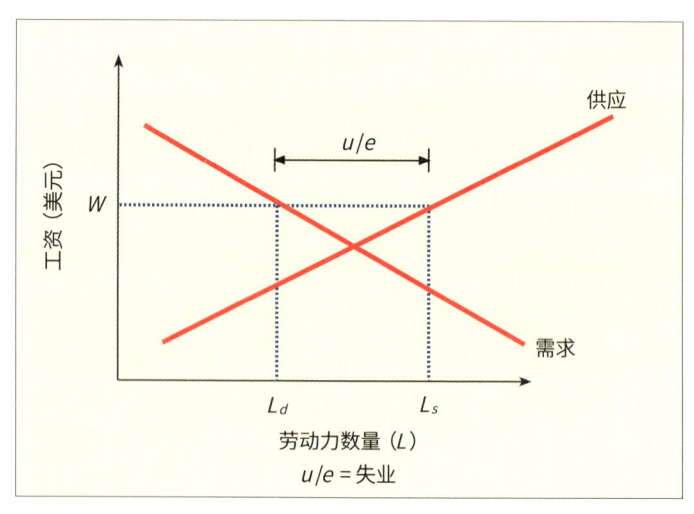

图38 劳动力市场

失业成本

失业会带来直接和间接的公共及私人成本。直接私人成本是收入的损失。直接公共成本是因收入下降和福利支付（如失业救济金）增加而导致的税收减少。

间接公共成本来自失业所带来的社会影响。失业率的上升和收入的下降会导致一些外部性影响，如失业者的犯罪率增加和健康状况下降等。社会将增加对警务和医疗成本的支出。如果失业者数目庞大，那么人们收入下降也会对总需求产生影响，这可能导致失业率进一步上升。

劳动力是由达到工作年龄的健康且能够工作的人口组成。然而，并非所有的劳动力都愿意工作。有些经济学家认为，如果人们认为在工作中付出的劳动和取得的额外收入不对等，那么社会保障福利的存在会抑制工作的积极性。这一类人被归为"自愿性失业者"，他们不工作是因为不想工作。这与那些愿意通过工作获得报酬却因为机会有限找不到工作的"非自愿性失业"恰恰相反。图39表示了上述两种情

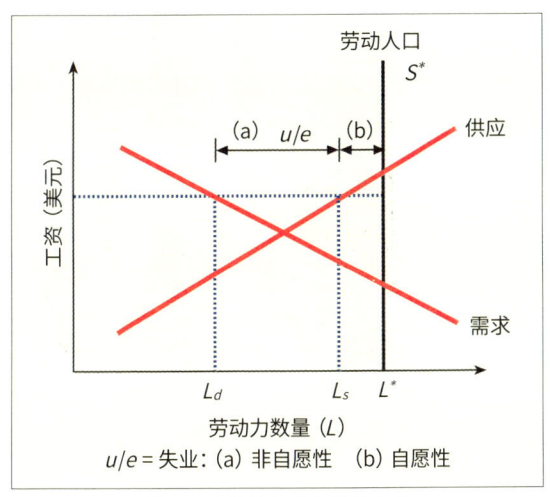

u/e = 失业：(a) 非自愿性　(b) 自愿性

图39　自愿性与非自愿性失业

况。S 表示有社会保障福利的劳动力供给曲线。S^* 表示没有社会保障福利的劳动力供给曲线，L^* 表示短期内劳动力的供给数量。与之前一样，L_d 与 L_s 之间的差异为非自愿性失业（即 a 部分），L_s 与 L^* 之间的差异为自愿性失业（即 b 部分）。

失业类型

非自愿性失业是由多种因素形成的，每种因素都会导致不同类型的失业。

古典失业是市场失灵的结果，比如工资缺乏灵活性。许多因素会影响劳动力需求和供给曲线。然而，古典经济学家认为，如果劳动力市场可以出清，工资不断调整直到达到均衡状态，失业现象就不会出现。

而摩擦性失业出现的原因在于大多数人会在职业生涯的某个阶段换工作。这种转换通常需要时间。离开上一份工作后寻找新工作所花费的任何时间都被称为摩擦性失业。

结构性失业出现的原因在于，随着时间的推移，主导经济的行业类型发生了变化。比如在20世纪50年代和60年代，矿业和制造业是主要的雇主，但如今这些行业在

失业人数是衡量国民经济整体状况的一项可靠指标。

西方国家正在衰落，而其他行业不断向自动化发展，对劳动力的需求变少。随着劳动力需求下降，大量工人失业。由于接受新工作再培训的难度高或是年龄大等原因而受到歧视，许多人，尤其是老年人，长期处于失业状态。

还有一种类型是需求不足性失业，此时劳动力供需缺口扩大，即供给增加或需求下降。劳动力供给取决于人口老龄化和工作积极性等因素，这些因素在短期内相对稳定。然而，劳动力需求可能会产生变化。当经济体陷入增长低迷时期，对劳动力的需求会与最终产品的需求一同下跌。如果同一时期劳动力的供应保持稳定，失业率就会上升。

菲利普斯曲线

失业率和通货膨胀率是相互关联的。一般来说，高通货膨胀率往往与低失业率同时出现，因为它们都发生在高速增长时期。同样地，高失业率往往与低通货膨胀率同时出现。1958年，威廉·菲利普斯教授根据英国历史数据证明了失业与通货膨胀之间存在很强的统计学关系。此后，有人在包括美国在内的其他经济体中也发现了类似的关系。菲利普斯曲线（见图40）表明，失业可以抵消通货膨胀。也就是说，可以以高失业为代价来实现低通货膨胀，反之亦然。零通货膨胀时的失业率被称为经济的自然率（NR），包括摩擦性失业的存在。

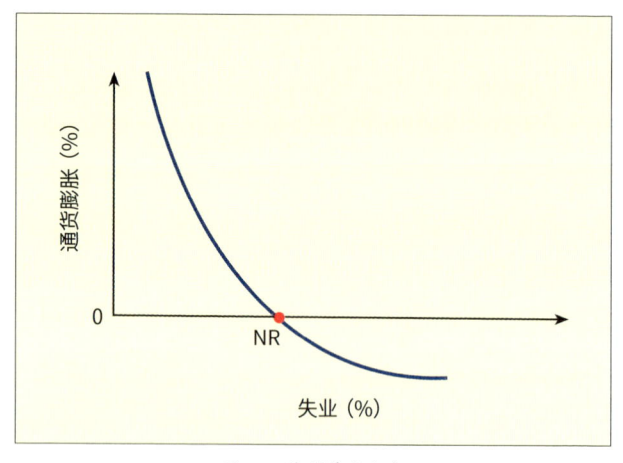

图 40　菲利普斯曲线

效用

效用或满意度是从商品或服务的消费中获得的利益。

个人偏好在构建经济模型时至关重要。鲍勃更愿意买苹果而不是橙子，这就是偏好。但偏好并没有告诉我们他对这种水果的喜欢比对另一种水果的喜欢究竟多多少。也就是说，偏好不体现强度。偏好的计量用效用来表示，而其分析单位是尤特尔（util）。

效用函数是商品消费水平与效用的关系。图41显示了一种商品的效用函数。在这种情况下，我们假设随着消费商品水平的增加，消费者获得的满足或利益也随之上升。

图42说明消费者对苹果和橙子两种商品有偏好时的效用。该消费者可通过选择苹果和橙子的不同组合来达到特定的效用水平。表示特定效用水平的曲线称为无差异曲线。例如，五篮苹果和一篮橙子给消费者带来的满意度与三篮苹果和两篮橙子的满意度相同（即IC_0曲线上的 A 点）。无论哪种商品，消费者都会偏向消费更多的数量水平，因此，效用的增加表现为无差异曲线的右移，如IC_1曲线。IC_1体现了更高的满意度，比如，此时消费者购买了四篮苹果和三篮橙子（即IC_1曲线上的 B 点）。

个人的目标是将效用最大化以获得尽可能多的快乐。但是，个人消费者是受限的。如果你的收入有限，那么你无法无限量地消费每一种商品。相反，你将在所有可行的产品和服务的消费组合中选择一个更加偏好的组合。假设消费者的预算是24美元，一篮苹果4美元，一篮橙子6美元。我们可以通过画出消费者预算线来显示苹果和橙子可能的组合。考虑到他的收入和物价，该消费者在IC_0曲线上的 A 点

经济理论

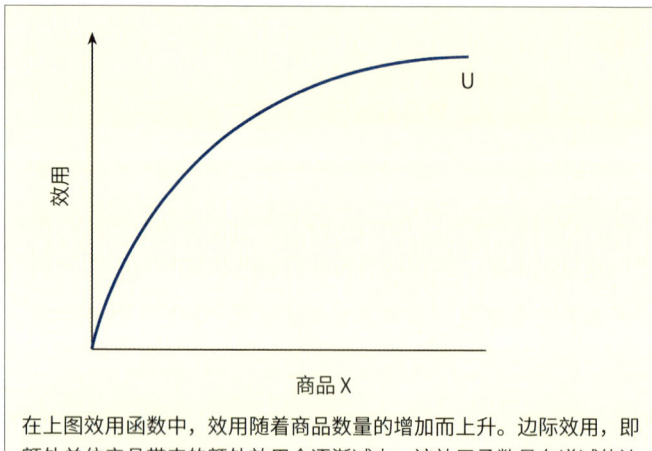

在上图效用函数中，效用随着商品数量的增加而上升。边际效用，即额外单位产品带来的额外效用会逐渐减少。该效用函数具有递减的边际效用。

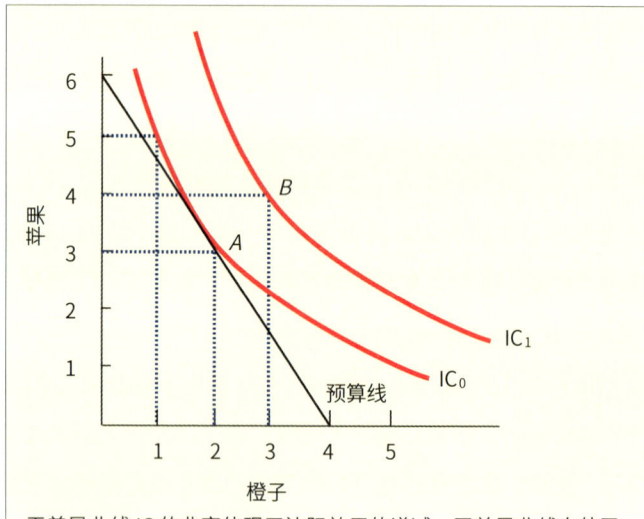

图41　单个商品的效用函数

无差异曲线 IC 的曲率体现了边际效用的递减。无差异曲线向外平移表示效用的增加。 预算线：收入＝预算＝24美元＝橙子价格 × 橙子数量 + 苹果价格 × 苹果数量

图42　两种商品的效用函数

处实现最高效用。如果他的收入水平增加，那么预算线将向外平行移动直到与 IC_1 曲线相切，此时他也实现了更高的效用。如果苹果和橙子的物价下跌，那么预算线也会向外移动，因而他可以在 IC_1 曲线上选择一些产品组合，他可以实现 IC_1 程度的满意度。即使我们无法计量效用，但消费者对预算或价格变化的反应说明，他们以效用最大化的方式做出决策。

财富

一个人的财富是指他们在特定时间点拥有的资产存量（即土地、劳动力、资本和创业能力）。一个富人拥有价值可观的资产。这些资产可能包括货币、债券等，也可能包括其他金融工具、艺术品或其他有价值的商品、财产和劳动技能。

财富与贫困的概念是密切相关的。财富是一个相对的概念，我们只能在特定时间和地点的一般生活水平下来理解财富。如果贫困是指收入低于一般生活水平，那么财富就是指一个人的资产所产生的收入超过一般生活水平。

生活水平和生活成本因国家而异，甚至在国家内部也不尽相同。比如在美国、欧洲或任何

直升机将富有的游客送到海滩，这象征着超级富豪的生活方式。

其他的工业化国家，1万美元几乎不能算作是一份可观的收入。但在孟加拉国，1999年人均国内生产总值约为286美元。对于这些国家来说，这是一笔不菲的财富。同样地，城市地区的生活成本往往远远高于农村地区，这主要是由于高昂的住房、食物和交通成本。

因此，要理解财富，我们不能仅仅看其产生的货币数量，还要看这些货币在市场上可以支配的商品的数量和范围。许多人认为，我们也需要考虑财富与贫困和社会收入分配的关系。

大多数工业化国家都坚信，富人是通过努力工作，承担风险，并且通过储蓄和节俭开支来积累财富的。然而，我们也应该注意到财富400强（即美国每年发布的最富有的400人名单）中相当多的人实际上的大部分的资产都是靠继承而来。卡尔·马克思认为，第一批资本家最初是通过窃取土地，剥夺农民财产，迫使农民成为工厂工人的方式"赚得"财富的。然而，其他人则将财富（即获得大量资产的可能性）视为自由竞争经济的重要推动力。致富的可能性将带来创新、选择以及商品和服务高效生产。也可以说，在大多数经济体中，财富推动需求，进而推动经济增长。

世界上最贫穷的三分之二人口消耗不到五分之一的财富，无论其根源为何，这都是不争的事实。中等收入群体占全球人口的五分之一，同时也消耗世界产出的五分之一。剩余约五分之一的人口主要生活在美国、加拿大、日本和西欧等最富裕的国家，消耗了世界剩余三分之二的产出。

术语表

保护主义：一种经济学说，试图通过对进口商品征收关税来保护国内生产者。

比较优势：生产者（个人、企业或政府）在以较低的机会成本生产产品时所获得的优势。

财富：一个家庭、企业或国家的总资产减去总负债所得。

财政政策：政府为维持经济平衡而实施的政策，一般是改变商品或服务支出，或通过税收增加收入。

成本效益分析：对项目或政策进行评价，例如，将所有的社会和财政成本，与该项目或政策产生的社会和财政效益进行比较。

发展中国家：正在经历经济现代化过程的国家，这些国家通常通过发展工业和商业基础来增加国内生产总值。

繁荣与萧条：用于描述经济活动在增长与收缩之间剧烈波动的时期。

放任主义：法语意为"随它去吧"，最初在古典经济学中用来描述没有政府干预的经济。

福利国家：由政府提供福利的制度，为公民提供健康保障，并使其免于贫困。福利通常包括免费医疗、疾病或失业保险、养老金、残疾津贴、住房补贴和免费教育等。

供给：以特定价格出售的商品或服务的数量。

规模经济：当产出增加时，导致产品生产平均成本下降的因素。

国际收支：一个国家的国际贸易、借贷的记录。

国民生产总值（GNP）：国内生产总值加上国内居民从国外投资中获得的收入，减去外国人在国内市场上获得的收入。

国内生产总值（GDP）：某一特定经济体的最终产出总值。

黑市：经济中的非法活动市场，不受管制或无法征税，经常买卖高价、非法或稀有商品。

宏观经济学：研究对象是整体经济而不是个人或企业的具体选择的学科。

货币供应量：经济体中可以很容易地兑换成商品和服务的流动资产数量，通常包括纸币、硬币和支票及银行存款。

货币政策：试图通过改变货币供应和利率来调节通货膨胀和经济活动的政策。制定货币政策通常是各国中央银行的职责。

货币主义：一种经济学说，认为经济中的货币数量是社会总需求的主要决定因素。因此，政府试图通过刺激需求来增加产出只会导致通货膨胀。

机会成本：在做出经济选择时必须放弃的最佳选择。

计划经济：生产和分配由中央权力机构决定，如统治者或政府。

净出口额：一个国家财政状况的指标，由出口价值减去进口价值得出。

凯恩斯主义：以凯恩斯的理论为基础的经济理论，主张政府通过财政政策进行干预以稳定经济。

可持续发展：在经济发展过程中，利用可再生资源而不是有限资源，并尽量减少经济活动对环境造成的永久性破坏。

劳动力：为经济活动提供体力或脑力的合法劳动者。

利息：储蓄者或投资者在其存款或投资中赚取的金额，或借款者在其贷款中支付的金额。利息的数额由利率决定。

流动性：衡量一项资产转换成现金的容易程度。

垄断：市场中某一种商品或服务只有一个供给者，且无法找到类似的替代品。

企业家精神：能够感知市场中的机会，并将生产要素组合起来利用这些机会。

商品：产品，如咖啡、棉花、铜或橡胶。在经济学中，"商品"也用来描述生产过程中创造的产品或服务。

商业周期：经济活动中有周期性但不规律的波动，通常由国内生产总值来衡量，经济学家并不完全了解其涨落原因。

生产率：资本和劳动力等资源的投入与商品和服务的产出之间的比率。

生产要素：经济中的生产资源，通常定义为土地、劳动力、企业家精神和资本。

失业：一种生活状况，指成年劳动力没有工作，并正在找工作。

市场：促进商品、服务或生产要素的买卖的一项基础设施。在自由市场中，由此产生的价格由供求规律而不是外部约束来调节。

衰退：经济活动的严重收缩，以连续两个季度国内生产总值下降为标志。

税收和关税：政府对经济活动征收的强制性费用。政府可以对多种财富或收入征税，对营业利润征税，或对驾驶等活动征收执照费。关税是对进口商品征收的税。

私营部门：经济中的一个组成部门，其经济活动由个人或公司决定，生产资料由个人或公司拥有。

通货紧缩：物价的普遍下跌。

通货膨胀：物价总水平呈现上升趋势。

土地：土地和所有自然资源，如石油、木材和鱼类等。

托拉斯：企业间形成的反竞争联盟，目的是迫使商品价格上涨，降低成本。1890年的《谢尔曼法》规定托拉斯在美国是非法的。

外部性：某一项经济活动对第三方造成了损失，而责任并没有由该经济活动的执行者来承担。

外汇兑换率：一国货币兑换另一国货币的比率。这个比率经常被用来衡量不同经济体的相对进出口优势和劣势。

微观经济学：研究对象是个体、家庭和企业，它们在市场上的选择，以及税收和政府监管对它们的影响。

消费品：经济产品或商品，购买后供家庭使用，而不是供工业使用。

消费者物价指数（CPI）：一种经济指标，以一系列商品和服务的价格为基础来计算家庭的平均支出。

萧条：商业周期的低谷，通常以高失业率、低产出、低投入和企业普遍破产为特征。

新殖民主义：一个国家与前殖民地之间的一种关系，在这种关系中，前殖民地的商业利益继续主导后者的经济。

需求：人们对特定商品或服务的需求，并且有一定的支付能力提供支持。

以物易物：一种贸易制度，用商品而不是货币来交换其他商品。

债券：在未来某一特定日期支付一定数额金钱的法律义务。

账户：个人、公司或政府保存的收入、支出、资产和负债的记录。

中央银行：公共组织，或受政府影响，或是独立的，为监督和管理一个国家的货币和金融机构而设立。

重商主义：16世纪至18世纪在欧洲流行的一种经济政策，强调出口的重要性，以赚取黄金和白银储备，并使用高关税来阻止进口。

专业化：由个人、企业或政府决定只生产或提供一种或几种商品或服务的做法。

资本：由家庭、公司或政府拥有的有形资产，如设备、房地产和机器。资本也指金融资本，或用于资助企业的资金。

资本主义：一种以私有制、企业和自由市场为基础的经济制度。自16世纪以来，资本主义一直是西方世界占主导地位的经济体系。

资产负债表：显示公司、个人或其他经济单位财务状况的资产和负债清单。

自由贸易：不受关税或配额等壁垒限制的国际贸易。

参考文献

Allen L. *Encyclopedia of Money*. Santa Barbara, CA: ABC-Clio, 1999.

Ammer C., Ammer D. S. *Dictionary of Business and Economics*. New York: MacMillan Publishing Company, 1986.

Atrill P. *Accounting and Finance for Non-Specialists*. Englewood Cliffs, NJ: Prentice Hall, 1997.

Baker J. C. *International Finance: Management, Markets, and Institutions*. Englewood Cliffs, NJ: Prentice Hall, 1997.

Baites B. *Europe and the Third World: From Colonisation to Decolonisation, 1500–1998*. New York: St. Martins Press, 1999.

Bannock G., Davis E., Baxter R.E. *The Economist Books Dictionary of Economics*. London: Profile Books, 1998.

Barilleaux R. J. *American Government in Action: Principles, Process, Politics*. Englewood Cliffs, NJ: Prentice Hall, 1995.

Barr N. *The Economics of the Welfare State*. Stanford, CA: Stanford University Press, 1999.

Barro R. J. *Macroeconomics*. New York: John Wiley & Sons Inc, 1993.

Baumol, W.J., and Blinder, A.S. *Economics: Principles and Policy*. Forth Worth, TX: Dryden Press, 1998.

Begg, D., Fischer, S., and Dornbusch, R. *Economics*. London: McGraw-Hill, 1997.

Black J. A. *Dictionary of Economics*. New York: Oxford University Press, 1997.

Blau F. D., Ferber M. A., Winkler A. E. *The Economics of Women, Men, and Work*. Engelwood Cliffs, NJ: Prentice Hall PTR, 1997.

Boyes W., Melvin M. *Fundamentals of Economics*. Boston, MA: Houghton Mifflin Company, 1999.

Bradley R. L Jr. *Oil, Gas, and Government: The U.S. Experience*. Lanham, MD: Rowman and Littlefield, 1996.

Brewer T. L., Boyd G. (ed.). *Globalizing America: the USA in World Integration*. Northampton, MA: Edward Elgar Publishing, 2000.

Brownlee W. E. *Federal Taxation in America: A Short History*. New York: Cambridge University Press, 1996.

Buchholz T. G. *From Here to Economy: A Short Cut to Economic Literacy*. New York: Plume, 1996.

Burkett L., Temple T. *Money Matters for Teens Workbook: Age 15-18*. Moody Press, 1998.

Cameron E. *Early Modern Europe: an Oxford History*. Oxford: Oxford University Press, 1999.

Chown J. F. *A History of Money: from AD 800*. New York: Routledge, 1996.

Coleman D. A. *Ecopolitics: Building a Green Society* by Daniel A. Coleman Piscataway, NJ: Rutgers University Press, 1994.

Cornes R. *The Theory of Externalities, Public Goods, and Club Goods*. New York: Cambridge University Press, 1996.

Dalton J. *How the Stock Market Works*. New York: Prentice Hall Press, 1993.

Daly H. E. *Beyond Growth: the Economics of Sustainable Development.* Boston, MA: Beacon Press, 1997.

Dent H. S. Jr. *The Roaring 2000s: Building the Wealth and Lifestyle you Desire in the Greatest Boom in History.* New York: Simon and Schuster, 1998.

Dicken P. *Global Shift: Transforming the World Economy.* New York: The Guilford Press, 1998.

Economic Report of the President Transmitted to the Congress. Washington D. C.: Government Publications Office, 1999.

Elliott J. H. *The Old World and the New, 1492–1650.* Cambridge: Cambridge University Press, 1992.

Epping R. C. *A Beginner's Guide to the World Economy.* New York: Vintage Books, 1995.

Ferrell O. C., Hirt G. *Business: A Changing World.* Boston: McGraw Hill College Division, 1999.

Frankel J. A. *Financial Markets and Monetary Policy.* Cambridge, MA: MIT Press, 1995.

Friedman D. D. *Hidden Order: The Economics of Everyday Life.* New York: Harper Collins, 1997.

Friedman M., Friedman R. *Free to Choose.* New York: Penguin, 1980.

Glink I. R. *100 Questions You Should Ask About Your Personal Finances.* New York: Times Books, 1999.

Green E. *Banking: an Illustrated History.* Oxford: Diane Publishing Co., 1999.

Greer D. F. *Business, Government, and Society.* Engelwood Cliffs, NJ: Prentice Hall, 1993.

Griffin R. W., Ebert R. J. *Business*. Engelwood Cliffs, NJ: Prentice Hall, 1998.

Hawken P. et al. *Natural Capitalism: Creating the Next Industrial Revolution*. Boston, MA: Little Brown and Co., 1999.

Hegar K.W., Pride W.M., Hughes R. J., Kapoor J. *Business*. Boston: Houghton Mifflin College, 1999.

Heilbroner R. *The Worldly Philosophers*. New York: Penguin Books, 1991.

Heilbroner R., Thurow, L. C. *Economics Explained: Everything You Need to Know About How the Economy Works and Where It's Going*. Touchstone Books, 1998.

Hill S. D. (ed.). *Consumer Sourcebook*. Detroit, MI: The Gale Group, 1999.

Hirsch C., Summers L., Woods S. D. *Taxation : Paying for Government*. Austin, TX: Steck-Vaughn Company, 1993.

Houthakker H. S. *The Economics of Financial Markets*. New York: Oxford University Press, 1996.

Kaufman H. *Interest Rates, the Markets, and the New Financial World*. New York: Times Books, 1986.

Keynes J. M. *The General Theory of Employment, Interest, and Money*. New York: Harcourt, Brace, 1936.

Killingsworth M. R. *Labor Supply*. New York: Cambridge University Press, 1983.

Kosters M. H. (ed.). *The Effects of Minimum Wage on Employment*. Washington D.C.: AEI Press, 1996.

Krugman P. R., Obstfeld M. *International Economics: Theory and Policy*.

Reading, MA: Addison-Wesley Publishing, 2000.

Landsburg S. E. *The Armchair Economist: Economics and Everyday Life.* New York: Free Press (Simon and Schuster), 1995.

Lipsey R. G., Ragan C. T. S., Courant P. N. *Economics.* Reading, MA: Addison Wesley, 1997.

Levine N. (ed.). *The U.S. and the EU: Economic Relations in a World of Transition.* Lanham, MD: University Press of America, 1996.

MacGregor Burns J. (ed.). *Government by the People.* Engelwood Cliffs, NJ: Prentice Hall, 1997.

Morris K. M, Siegel A. M. *The Wall Street Journal Guide to Understanding Personal Finance.* New York: Lightbulb Press Inc, 1997

Naylor W. Patrick. *10 Steps to Financial Success: a Beginner's Guide to Saving and Investing.* New York: John Wiley & Sons, 1997.

Nelson B. F., Stubb C. G. (ed.) *The European Union : Readings on the Theory and Practice of European Integration.* Boulder, CO: Lynne Rienner Publishers, 1998.

Nicholson W. *Microeconomic Theory: Basic Principles and Extensions.* Forth Worth, TX: Dryden Press, 1998.

Nordlinger E. A. *Isolationism Reconfigured: American Foreign Policy for a New Century.* Princeton, NJ: Princeton University Press, 1996.

Painter D. S. *The Cold War.* New York: Routledge, 1999.

Parkin M. *Economics.* Reading, MA: Addison-Wesley, 1990.

Parrillo D. F. *The NASDAQ Handbook.* New York: Probus Publishing, 1992.

Porter M. E. *On Competition.* Cambridge, MA: Harvard Business School Press, 1998.

Pounds N. J. G. *An Economic History of Medieval Europe.* Reading, MA: Addison-Wesley, 1994.

Pugh P., Garrett C. *Keynes for Beginners.* Cambridege, U.K.: Icon Books, 1993.

Rima I. H. *Labor Markets in a Global Economy: An Introduction.* Armonk, NY: M.E. Sharpe, 1996.

Rius *Introducing Marx.* Cambridge, U.K.: Icon Books, 1999.

Rosenberg J. M. *Dictionary of International Trade.* New York: John Wiley & Sons, 1993.

Rye D. E. *1,001 Ways to Save, Grow, and Invest Your Money.* Franklin Lakes, NJ: Career Press Inc, 1999.

Rymes T. K. *The Rise and Fall of Monetarism: The Re-emergence of a Keynesian Monetary Theory and Policy.* Northampton, MA: Edward Elgar Publishing, 1999.

Sachs J. A., Larrain F. B. *Macroeconomics in the Global Economy.* Englewood Cliffs, NJ: Prentice Hall, 1993.

Shapiro C., Varian H. R. *Information Rules: A Strategic Guide to the Network Economy.* Cambridge, MA: Harvard Business School, 1998.

Smith A. An *Inquiry into the Nature and Causes of the Wealth of Nations*, Edwin Cannan (ed.). Chicago: University of Chicago Press, 1976.

Spulber N. *The American Economy: the Struggle for Supremacy in the 21st Century.* New York: Cambridge University Press, 1995.

Stubbs R., Underhill G. *Political Economy and the Changing Global Order.* New York: St. Martins Press, 1994.

Teece D. J. *Economic Performance and the Theory of the Firm.* Northampton, MA: Edward Elgar Publishing, 1998.

Thurow L. C. *The Future of Capitalism: How Today's Economic Forces Shape Tomorrow's World.* New York: Penguin, USA, 1997.

Tracy J. A. *Accounting for Dummies.* Foster City, CA: IDG Books Worldwide, 1997.

Tufte E. R. *Political Control of the Economy.* Princeton, NJ: Princeton University Press, 1978.

Varian H. R. *Microeconomic Analysis.* New York: W. W. Norton and Company, 1992.

Veblen T. *The Theory of the Leisure Class (Great Minds Series).* Amherst, NY: Prometheus Books, 1998.

Wallis J., Dollery B. *Market Failure, Government Failure, Leadership and Public Policy.* New York: St. Martin's Press, 1999.

Weaver C. L. *The Crisis in Social Security: Economic and Political Origins.* Durham, NC: Duke University Press, 1992.

Werner W., Smith S. T. *Wall Street.* New York: Columbia University Press, 1991.

Weygandt J. J., Kieso D. E. (ed.). *Accounting Principles.* New York: John Wiley & Sons Inc, 1996.

Williams J. (ed.). *Money. A History.* London: British Museum Press, 1997.